“十四五”国家重点研发计划项目课题任务
生鲜农产品产后供应链标准化技术体系创建
（2021YFD2100505-5）资助

农产品冷链物流科技与产业发展思考

张长峰　著

群言出版社
QUNYAN PRESS
·北京·

图书在版编目（CIP）数据

农产品冷链物流科技与产业发展思考 / 张长峰著 . 北京 : 群言出版社 , 2024. 10. -- ISBN 978-7-5193-0997-8

Ⅰ . F252.8

中国国家版本馆 CIP 数据核字第 2024RE9760 号

责任编辑：李　群
封面设计：李士勇

出版发行：群言出版社
地　　址：北京市东城区东厂胡同北巷1号（100006）
网　　址：www.qypublish.com（官网书城）
电子信箱：qunyancbs@126.com
联系电话：010-65267783　65263836
法律顾问：北京法政安邦律师事务所
经　　销：全国新华书店

印　　刷：北京九天万卷文化科技有限公司
版　　次：2024年10月第1版
印　　次：2024年10月第1次印刷
开　　本：710mm×1000mm　1/16
印　　张：10.5
字　　数：160千字
书　　号：ISBN 978-7-5193-0997-8
定　　价：88.00元

序 言

《农产品冷链物流科技与产业发展思考》是张长峰博士担任山东省政协委员、民盟省委委员以来，在从事科技研发之余，撰写的关于农产品冷链物流技术与产业发展的议政建言。这些建议都已被有关部门采纳，其中有的建议得到了山东省委主要领导的肯定性批示；有的建议已经吸纳到相关部委和厅局的政策文件中了。

2010 年，依托山东省商业集团有限公司建立的国家农产品现代物流工程技术研究中心获科技部批复成立不久，当时我担任该中心的专职副主任。为了尽快培育壮大科研队伍，我将刚刚从中国科学院植物研究所（以下简称“中科院植物所”）毕业的张长峰博士延揽到我的队伍中。10 多年来，张长峰博士协助我培养了一支农产品冷链物流领域的有生命活力的科研团队，先后打造了一系列典型的科技开发与应用案例，主要包括：

研发的无水保活运输技术引领水产品行业革新，实现水产品无水存活时间最长达 81 小时，该技术获得中央电视台、《科技日报》和美国《时代》杂志专题报道，在獐子岛集团上海大洋食品有限公司推广应用。开发的农产品跨境物流品控集成技术，让山东省蒙阴县实现蜜桃跨境出口至迪拜，并在 4 年时间内向多个“一带一路”沿线国家累计出口蜜桃等水果超过 1.2

万余吨，累计利润增加8000余万元，带动当地就业1000余人。研发的低碳多源蓄冷贮运一体化设备和流态冰系列装备，在四川、广西、宁夏、山东等地得到广泛应用，年保鲜果蔬产品能力超过1000吨。开发的分布式光纤温度传感新技术应用于济南维尔康万吨级进口肉类海关指定查验场，成为冷库温度监控新技术行业标杆，保障了维尔康年进口30亿元冷冻冷藏食品的保鲜品质。另外，张长峰博士还协助我参与制定了一系列冷链物流领域的基础性标准。他的成绩是可圈可点的。

据我对他的了解，他从华中农学院荆州分院本科毕业后，先后在华南农业大学、中科院植物所等我国乃至世界知名的农产品保鲜与贮藏领域的省部级重点实验室完成了硕士、博士阶段的学习，后来在浙江大学果树科学研究所又进行了4年的博士后研究工作。他的这些经历，在我看来，还没有完全脱离“书斋式”学问的范畴。我时时提醒他要积极响应国家号召，把“论文写在祖国的大地上”，真正把科技转化为生产力。我知道这么多年他付出了很大的努力，本书就是他思维和价值转型并付诸实践的一个阶段性成果。当然，我对他取得的初步成绩表示欣慰和祝贺。

山东是我国农业和食品大省，同时也是人口和消费大省，做好农产品冷链物流科技开发和应用至关重要：一头连着农民增收和乡村振兴，一头连着食品安全和消费升级。我希望他继续努力，走好“顶天立地”之路，为山东省乃至全国农产品冷链流通科技产业的发展进步作出更大贡献。

是为序。

国家农产品现代物流工程技术研究中心 首席专家 研究员 王国利

目　录

关于当前冷链物流行业发展的几点建议

一、我国冷链物流目前存在的主要问题

（一）政出多门，缺乏科学统一的顶层设计规划

从目前政府管理的大多数项目看，重眼前项目投资轻科学的顶层设计，重发文件轻深入调研，重投资规模轻管理效益，重硬件投入轻软件和理念。冷库建设便宜用着贵，有的项目甚至成为有场无市的鬼城。物流行业是跨地区、跨部门和跨行业的综合型产业，涉及各种运输方式和诸多部门，因此物流行业管理具有复杂性和关联性。尤其应着力解决物流行业管理中职权边界不清、政出多门和协调难问题，从而强化冷链物流行业核心竞争力和国际竞争优势。

近年来，国家和地方层面都出台了若干促进冷链物流发展的政策指导和支持。据我们了解，真正的政策红利能切实落到物流企业头上的却很少。社会化程度低、成本高、效益差、难扩张、大型企业少，国际竞争力弱的局面亟待解决。

（二）标准体系建设和基础研究滞后

知识标准、人才标准缺失。第一，行业标准不完善，理论研究落后于产业发展。目前我国科教界冷链物流研究架构和专家队伍还不完善；学术界甚至没有一本能和产业发展相吻合的、系统权威的理论专著；大专院校还没有一部复合型人才培养的系统教材；再加之生鲜电商等新业态兴起，冷链知识、人才标准缺失严重制约了产业的快速发展。该领域具有交叉性、复合型等特点，人才供给断层或不适用的问题十分严重。第二，标准不统一，我国农产品冷链物流行业已出台了一些地方和国家标准，而目前没有一个全国统一的标准制定架构，致使标准可操作性差，往往强调某个局部的功能要素，缺乏综合性；对存在问题的表面现象研究多，深层次原因研究欠缺。

（三）冷链运输市场秩序待规范，优质优价难实现

由于市场竞争“游戏规则”不规范，税费和成本居高不下等原因，冷链企业生存压力大，再加上管控监督薄弱，冷链运输市场存在“劣币驱除良币”现象。一是当前冷链运输属于价格敏感型市场，优质优价难实现。尤其在每年的 11 月份到次年的 3 月（淡季），规范化的冷链运输“正规军”往往受到小微企业和个体户等“非正规军”冲击。二是鲜活农产品运输“绿色通道”有待进一步疏通、扩张。三是市内冷链配送通行限制仍然较多，鉴于冷链物品特殊的生物学属性，限制应逐步放宽或减少。四是消费者科学的消费理念提升，是实现优质优价的前提，透明供应链打造是优质优价和食品安全保障的前提。只有生产流通者诚，消费者才能信。

（四）投资机制有待改进，信息化管理服务功能待提升

有些新建工程没有进行细致的市场存量和增量需求调研分析，盲目投资，重复建设较多，造成社会物流成本提高和资源浪费的现象。在存量基础设施方面，设备老化，能耗高，安全隐患多；社会化三方冷库无序竞争

激烈，冷链服务标准化程度低，总体服务质量不高。绝大部分企业采取租赁方式，提供一体化冷链服务的企业很少。

物流的信息化建设比较落后，没有形成健全的信息网络，食品冷链供需信息不对称，冷链食品生产、流通都存在盲目性。互联网、物联网大数据新技术应用与平台建设滞后，影响鲜活农产品物流的在途质量、准确性和及时性。第三方冷链物流企业技术资金门槛相对较高，风险也高，生存发展难，本领域大众创业、万众创新的政策环境有待进一步打造。

二、发展冷链物流的几点建议

（一）政府各部门应协同行政，打好组合拳

近年来，相关部门，都出台了发展冷链物流的相关政策规划。2014 年，国家发展改革委、财政部、商务部等 10 部门联合印发了《关于进一步促进冷链运输物流企业健康发展的指导意见》。商务部等 13 部门联合发布《关于进一步加强农产品市场体系建设的指导意见》，建议进一步落实一、二、三产业融合发展的具体实施方案。尽快理顺政府部门分工，明确各自的工作边界和责任目标，会同相关社团组织共同构建一个科学的顶层设计和发展规划，给行业企业更加精准、实质和给力的各类扶持。

（二）以冷链物流星级企业评估为契机，推进山东省冷链物流标准化体系建设

中华人民共和国国家标准《物流企业冷链服务要求与能力评估指标》（GB/T 31086—2014）于 2015 年 7 月 1 日起正式实施。标准明确了冷链物流服务的相关术语和定义，规定了物流企业从事农产品、食品冷链服务所应满足的基本要求，以及物流企业冷链服务类型、能力级别划分及评估指标，作为冷链物流市场对冷链物流企业选择的依据，具有较强的可操作性，目前全国已评出了 49 家星级物流企业。建议以冷链物流企业星级评

估为切入点加快我国行业标准体系建设和与国际标准的对接，真正摸清全国冷链物流企业的服务水平和能力，政府部门对被评为1—5星级的物流企业给予适当奖励扶持，以加快促进全国冷链物流业的正规有序发展，进而推动各重大民生工程和自贸区国际贸易、跨境电商等新兴业态发展。

（三）加强冷链物流人才教育培训体系建设

冷链物流运营供应链长，上下游环节多，学科交叉，是一个跨多专业的行业领域，涉及信息技术、制冷工程、保鲜品控工艺和物流供应链管理等专业。知识和产业的升级要靠冷链物流的人才去实现，所以加快复合型人才培养培训是当务之急。建议政府支持相关大专院校和社团组织，建立专业人才培养培训体系，编写相关教材和理论专著，以大专院校的特色学科和高水平专家队伍，打造本领域引领全国的理论、技术和人才高地（调研表明国家农产品现代物流工程技术研究中心团队已有具体方案）。

（四）抓好冷链物流业关键环节

仓储业是物流各环节中最关键的一环，冷（藏、冻）库是冷链仓储行业的重要载体，涉及冷链服务的产业领域包括农批市场、物流园区、物流港及保税物流园等。建议对设冷农批、园区、物流港、保税区进行存量（包括在建项目）摸底调研，提出分类指导、支持方案。对于新建设冷大型仓储设施（园区），应统一对其可行性方案进行专家论证，以避免因区域布局规划不合理造成重复、过量投资，造成不必要的资源、资金浪费。

（五）利用互联网＋冷链物流，打造传统业态升级版

互联网＋冷链物流是三次产业融合发展的新增长点，冷链物流对促进一、二产业提质增效有重要的倒逼作用。应根据区域经济的功能定位和资源环境承载能力，统筹考虑生态经济布局和产业融合，探索在农产品（医药）物流产、加、贮、运、销供应链中环保节能、提质增效的有效方法及可能形成的商业模式。建议政府支持建设冷链物流信息大平台，利用物联

网、大数据、云计算先进技术，打造传统农产品温控流通和电商品控物流的升级版。

（六）推进农村电商双向物流稀释成本，以工业品下乡带动农产品进城

发展农产品电子商务冷链流通体系。如采用双向物流，即结合农产品进城（“最先一公里”的品控物流）和工业品下乡（“最后一公里”乡村配送）实现双向电商和物流，可稀释农村物流成本。进而实现网购城乡权益的“四个同权”即：全天在线、全领域选货、价格优惠、货品质量优等。所以说，农村物流是制约农村电商持续发展和互联网 + 城乡一体化新模式的主要瓶颈，也是农村“大众创业、万众创新”的主要障碍。

（七）发挥好社团组织的中观作用，实现宏观、中观、微观目标的一致性

目前涉及冷链物流的社团组织有不少，建议除政府部门之间的协同外，在“一业多会”政策格局下，社团组织也应共同为物流大产业共同搞好顶层设计，相互协同推进。实施问题和需求导向，引导政府和相关部门精准科研和精准扶持，发挥好社团组织的中观作用，服务行业、企业和民生，实现宏观、中观、微观目标的一致性。

三、结语

综上所述，加快推进我国冷链物流健康发展，对实施“一带一路”倡议，产业转型升级、提质增效，新战略、新经济发展都有着重要的推动作用。山东省具有得天独厚的区位优势、资源优势、政策优势，依托电子商务，结合冷链物流行业知识标准体系、人才标准体系、产业标准体系的搭建，运用互联网再造透明供应链生态体系，将有效促进产业创新模式向高效、共享和协同转变。各部门和产业应协同创新、统一目标，可积极扎实

推进重点省区试点工作，从而找出增量点、补短板的实现路径和模式，打造出我国冷链物流领域首善之区，以点带面推而广之，从而实现我国食品安全从无毒消费向健康品质消费的飞跃。

关于我国农产品产地市场体系建设的建议

近年来，我国各级政府围绕蔬菜、水果、畜产品、水产品、茶叶、花卉等农产品，重点依托现有市场基础，在优势产区和重要节点积极推动农产品产地市场体系建设，初步形成了分工明确、优势互补的全国性、区域性、田头示范市场三级产地市场体系。农产品产地市场体系虽然取得了一定成效，但在发展过程中仍然存在重设备、轻工艺，重设施、轻供应链，重节点、轻体系等一系列问题。为此建议：

一、开展三级产地市场示范体系建设

开展全国性、区域性和田头市场的三级产地市场示范体系建设，其中全国性产地市场示范重点打造国家级产销平台，在完善价格形成、产品集散功能的基础上，加强物流配送、金融、标准化、信息化建设，服务引导和产业带动等功能，延伸市场服务产业链，辐射带动本区域乃至全国优势农产品产业发展；区域性产地市场示范重点加强价格形成、信息服务和物流集散功能，积极发展农商互联，畅通产销对接渠道，辐射带动市场所在县及周边县优势产业发展；田头市场示范重点完善商品化处理、物流仓储等公益性流通基础设施，强化市场信息服务、电子商务支撑等公益性职能，辐射带动市场所在村镇及周边村镇农产品流通。及时了解掌握产地市场示范体系建设工作相关情况，加强示范工作实施情况的考核评估，依据当前实际修订全国性、区域性、田头示范市场建设运营评价参考指标体系，融入供应链元素，促进产地市场缩短供应链条、降低运营成本。提炼总结成熟经验模式，通过召开现场经验交流会、建立案例库等形式，宣传推广典型经验做法。

二、建设产地农产品中央集配中心

在现有的传统农批市场基础上，以重点批发市场为切入点进行提档升级，加强重点设施建设，形成大型农产品流通枢纽，打造集冷链物流及农产品商品化处理、初加工和中央厨房于一体的农产品产地中央集配中心。中心具备完善的清洗、分选、加工、包装、预冷、冷藏和配货等基本功能，另外兼具农产品交易、检测、流通追溯、信息集成、电子商务、统一结算和产业服务等功能。为充分发挥农产品产地中央集配中心作用，需着力进行四方面建设：一是加强冷产、冷储、冷运、冷销的冷链基础设施建设以及进出口离岸库和海外仓建设；二是进一步完善单元标准化载具和多式联运标准化体系建设；三是不断加快追溯、品控、信息化和大数据建设；四是与农产品供应链企业合作建设农产品集采中心，整合当地特色产品资源，完善产品品控与分销体系，为当地特色产业拓宽销售渠道。

三、推进产地市场平台化发展

鼓励农产品产地市场搭建线上线下融合的产销对接平台，多渠道拓宽农产品产销对接渠道。依托平台发展，提高农民在农产品流通和加工环节的参与程度，更好连接农户、市场和消费者，构建长期稳定的农产品流通模式，促进一、二、三产业融合。鼓励支持全国性农产品产地市场、区域性农产品产地市场依托平台优化数据共享、分析、引流等信息服务，建立重要商品价格指数，完善市场价格发现功能。

四、强化基础设施建设

建议根据农产品流通需求的实际情况，将原有自发形成的农产品产地市场逐步发展成为稳定交易场所，并由政府主导投资建设交易棚（厅）、地面硬化、水电配套、电话通信等基础设施。有条件的大型产地市场由政府和市场共同出资建设清洗、干燥、分级分选、打蜡、预冷、包装等商品化处理设施。由政府和市场共同出资先行建设冷库等贮藏设施，以补贴形式由市场主导完善冷藏车等冷链物流设施装备。

鼓励标准化技术的介入和实施。除分级分选外，标准化包装、标准化载具（托盘等）等有利于提高运行效率。远期提升农产品上行“最先一公里”的温控水平，逐步建设农产品商品化处理环节的温控设施，为农产品流通冷链的不断链提供有力保障。鼓励物联网和信息化系统建设与实施。开展市场综合管理系统、冷链物流管理系统的建设，既要实现对市场人、财、物、车辆集成化管理，又要实现对农产品流通全链条的信息管理。

五、加大科技投入力度

重点围绕农产品产地处理关键技术，加大科技投入力度。支持一批高校、科研院所及企业加大技术装备的研发力度。农产品产地处理关键技术与装备主要包括产地商品化处理的技术与设施、高效预冷装备、贮运一体化技术装备、气调包装技术、水产品无水保活新技术等品质控制技术，以及冷链基础设施、单元标准化载具和多式联运标准化体系，追溯、物联网、大数据等信息化技术等。以我国特色农产品优势区为基础，在产地建设和强化分选分级、预冷、包装、贮藏等基础设施设备，健全特色农产品质量标准体系，加大科技资金投入，可提升农产品商品化处理水平，可为农产品上行打通“最先一公里”保驾护航。

六、实施双三同、双追溯质量品控体系

打造农产品品牌国际化产业新生态体系，要形成“产品、客户、互联网、金融、品牌”五大服务功能，有效解决食品供应链上下游信息不对称、商流不畅通、物流成本高、资金不融通、标准不统一、安全品质无保障、供应链不透明等传统食品产业生产、流通、消费全链条的痛点和转型瓶颈问题。实施双三同、双追溯质量品控体系，对接国内外优质客户集群，形成一个品牌产品、国内外两个市场多渠道的完整生态。

助力乡村产业振兴和海洋牧场发展，加快发展水产品冷链物流

山东是我国海洋大省、渔业大省，连续多年占据全国水产品产量第一的位置。2017 年，全国水产品总产量 6445.33 万吨，水产品出口量 433.94 万吨，水产品出口额 211.50 亿美元。2017 年，山东省水产品总产量达到 924 万吨，水产品出口量 107 万吨，水产品出口额 47.2 亿美元，分别占全国的 14.33%、24.66% 和 22.31%。

2017 年福建省水产品总产量 802.8 万吨，水产品出口量 93.66 万吨，水产品出口额达到 60.2 亿美元，占全国出口货值的 28.46%，继续位居我国水产品出口额主要省份排名首位。

与福建相比，可以看出，山东省出口水产品总量高于福建，但是单位产值低于福建。两省出口水产品，除了在水产品质量、附加值等方面存在差异，水产品冷链物流也是水产品出口效益的重要制约因素。有分析显示，绝大部分出口水产品需要低温运送，按照全程冷链物流形式进行流通领域的运输，以保证水产品质量。例如，国内出口冻黄鱼，从冷库提货装入冷藏集装箱，再装船漂洋过海抵达目的港入库或中转，直至鱼市场冷柜的全

过程，必须始终保持鱼体中心温度 –18℃以下，而价值不菲的鲔鱼 (TUNA) 必须使用 –60℃的超低温冷藏设施进行储运，方能保证质量。

对比两省出口水产品冷链物流体系，在水产品冷链流通率方面，福建省水产品冷链流通率达 65%，高于全国平均水平 30 个百分点，而山东省水产品冷链流通率仅为 40%，流通效率不高。在水产品冷链物流损耗率方面，山东省损耗率约为 20%—30%，而福建省损耗率为 15% 左右。由此可以看出，提高水产品冷链物流体系建设，对于提高出口水产品质量、增强竞争力、降低流通领域损耗有重要意义。

目前，山东省水产品冷链物流最主要的问题：一是缺少水产品冷链物流立体规划，网络系统不完善，水产品冷链更多的是集团性或者企业独自性的配置，离区域性、全国性的冷链网络还有比较大的差距。二是缺少统一、规范、合理的水产品冷链标准体系，出口水产品冷链物流中的装卸速度、作业流程、检验验货制度及一些环节上在管理上缺乏统一的作业标准，使得大部分水产品物流环境不能控制在规定温度之下，直接影响水产品质量。

针对上述情况问题，我们建议：

一、抓紧制定《山东省冷链物流发展规划》

根据商务部等 10 部门制定的《全国农产品市场体系发展规划（2015—2020）》，参照《福建省冷链物流发展规划 (2016—2020）》，在《山东省“十二五”农产品冷链物流发展规划》基础上，进一步完善水产品超低温储藏、运输、包装和加工体系，科学规划、积极建设一批国家和山东省重要的水产品冷链物流基地，充分发挥董家口中国北方国际水产品交易中心和冷链物流基地、烟台圣丰智能冷链物流园、威海港冷链物流中心、潍坊中凯智慧冷链物流园等现有的冷链物流园区引领作用，充分利用现有物流园区配套冷库设施，完善全省水产品冷链物流体系。

二、借助申建中日韩自贸区契机，打造中日韩水产品冷链物流标准化体系

由山东省农业厅牵头，商务厅等部门组织相关企业，联合科研院所成立工作组，一方面全面梳理国内冷链物流标准，建立数据平台，提升山东省水产品冷链物流标准化、信息化水平，对水产品冷链物流中的装卸速度、作业流程、检验验货制度等提出标准化要求；另一方面促进中日韩三方的水产品冷链标准互认，促进中韩、中日冷链物流产业合作，提升山东省出口水产品的国际竞争力。福建自贸试验区为打造两岸统一冷链标准，厦门片区以万翔冷链物流中心作为两岸冷链物流产业合作试点单位，积极参与两岸冷链物流标准化建设。山东可以参考福建模式，依托荣成石岛冷链物流产业园区，作为中日韩冷链物流标准化建设试点单位展开进一步工作。

三、加快水产冷链物流装备与技术升级

一是支持企业进行信息化系统的升级换代，消除企业内部信息不通畅、温度数据信息和货物信息分离现象；二是建立基于三方机构的信息平台，实现区域内“车—货—库—柜”的信息共享；三是鼓励各类主体参与农产品预冷库、冷藏库、周转库等冷库的改造提升；四是探索政府与社会合作的 PPP（Public-Private-Partnership, 政府和社会资本合作模式）模式，实施多元化的投融资模式，引导和吸纳各类社会资本共同参与。

关于加强我国农产品冷链物流标准工作的建议

由于鲜活农产品种类繁多、运输要求不一致等原因，鲜活农产品冷链物流标准体系构建存在极大困难，导致我国鲜活农产品冷链标准存在空白、交叉重复，标准之间协调性差、可操作性不强等问题，亟须构建科学的鲜活农产品冷链物流标准体系，从而明确标准之间的相互关系，增强标准整体的协调性，为有步骤地开展新标准的制定、旧标准的修订以及整合工作奠定基础。

为此，建议：

一、以农产品上行为重点建立标准体系框架

标准体系框架的建设要综合考虑标准的层次、农产品种类不同对冷链物流需求存在差异和农产品冷链物流全链条衔接性三方面要素。以农产品上行为重点，组织专家研讨，界定农产品冷链物流的内涵和外延，从而确定农产品冷链物流的范围，在此基础上，明确农产品冷链物流标准体系的范围。

二、以重点生鲜农产品为突破口开展标准体系建设工作

我国农产品种类繁多，农产品冷链物流涉及农产品产、加、储、运、销多个环节，囊括产品、技术、方法、经营管理、机械设备等诸多内容，内容繁杂，因此要建设农产品标准体系，必须做到既能涵盖农产品种植、产品、采后处理、贮藏运输、加工、进出口等多个方面，又不会过于庞大妨碍实际应用。为尽快推动农产品冷链物流标准体系建设，解决我国农产品冷链流通中遇到的问题，建议以重点生鲜农产品为突破口，构建基于农产品种类的冷链全链条（包括果实品质、采后处理、贮藏保鲜、运输、销售）标准体系。针对每种农产品提出其冷链物流的全链条标准体系。根据确定的农产品冷链物流标准体系框架结构，按照“操作手册＋标准”模式，以重点生鲜农产品为例，开展标准体系表编制工作。在厘清现有标准现状，农产品冷链物流行业需求的基础上，明确修订和拟编标准，在标准体系表中明确标准类型（强制性或推荐性），强制性标准由政府主导，推荐性标准由社会团体主导，并制订标准编制计划，推进农产品冷链物流标准体系建设。

三、注重链条和体系的融合

农产品冷链物流涉及农产品产加、储、运、销多个环节，是一个链条，所以每种农产品标准体系设计时要充分考虑上下游标准的衔接问题，必须先梳理现有关于某种农产品冷链物流的已编标准，再根据链条发展需要和市场需求，明确拟编标准，并将二者以合理的形式或展现方式进行融合，使最终标准成果既科学合理又便于应用。然后，是要把握好强制性标准和推荐性标准的关系，依据政府部门负责强制性标准编制、社会团体负责推荐性标准编制的发展趋势，在标准体系制定过程中必须开展研究，明确哪些是强制性标准、哪些是推荐性标准，将二者进行有机整合，形成更加完

善、合理的农产品冷链物流标准体系。

四、推进农产品冷链物流知识标准、人才标准的制定

冷链物流运营供应链长，上下游环节多，学科交叉，是一个跨多专业的行业领域，涉及信息技术，制冷工程、保鲜品控工艺和物流供应链管理等知识体系。知识和产业的升级要靠冷链物流的人才去实现，所以加快复合型人才的培养培训是当务之急。我们需要依靠政府支持相关大专院校和社团组织，建立专业人才培养培训知识体系标准和人才资质考核及评价标准。

五、研究和制定当前国内电商与物流融合领域的标准体系

针对新型的电子商务新型业态和农产品品控技术装备产品，促进电子商务与传统业态结合，研究和制定电子商务模式下冷链物流行业知识标准体系、人才标准体系、产业标准体系和技术标准体系，运用互联网再造农产品透明供应链生态体系，有效促进产业创新模式向高效共享和协同转变。

六、创新机制开展标准宣贯

促进标准落地，监督评价标准实施效果，是改进标准、增强标准适用性和有效性、提升标准体系科学合理性的重要手段。在标准宣贯方面，建立标准推广落地方案和宣贯奖励机制，通过建立试点、抓住主要对象、政府引导、企业落实、先建后补、宣传典型等诸多手段和方式，不断引导和强化市场主体的标准化意识，促进标准落地应用，提升我国农产品冷链物流的标准化水平。创新标准宣贯机制，促进标准落地，使标准体系不断完善。某类农产品标准体系建设完成后，在条件适宜的地方探索实施标准宣

贯奖励试点，以家庭农场、农业龙头企业、农村合作社等主体为主要对象，通过政府推动、行业协会主导落实，采用试点企业应用、奖励达标企业、示范企业宣传带动等方式，引导和强化市场主体的标准化意识，推动标准应用落地。通过示范带动作用，逐步推广到全国该种农产品主产区，全面提升农产品冷链物流的标准化水平。

我国县域农产品上行困境及解决对策

近年来，各级政府高度重视县域农产品上行，着力推动县域经济发展和乡村振兴战略实施，发展农村电子商务是解决农产品上行的重要举措之一。以阿里巴巴、京东及苏宁易购为代表的众多企业发力农村电商。然而，与城市工业品下乡的规模与增长速度相比，农产品上行的规模与增长速度显得十分单薄、劲头弱小。以山东省五莲县为例，截至 2018 年 11 月，公开报道显示已在全县 413 个村建立电商综合服务站（镇级 12 个、村级 401 个），行政村服务覆盖率超过 70%。然而，调查表明，电商服务站存在“弄虚作假”“挂羊头卖狗肉”等现象，个别站点甚至“瞎编售卖数据”应付检查。五莲县中至镇后学庄村以生产桃子为主，但桃子丰收时节，农民只能通过商贩出售，且几乎无议价权。农户称，知道在网上也能卖桃子，但并不懂得如何操作。《问政山东》中，提起电子商务服务站时，当地人却表示其并没有实际作为。透过弄虚作假应付检查的现象看，本质是如何解决农产品上行这一核心问题。

目前，我国县域农产品上行主要面临以下困境：

一是缺乏科学的生鲜农产品物流品控技术，难以突破时空界限。农产品是季节性生产、全年消费，地域性生产、全国消费的产品。生鲜农产品的生物学属性决定了其易腐性。与工业品相比，生鲜农产品对企业的贮运保鲜能力、供应时效能力和成本控制能力等提出了更高的要求，也给农产品上行带来了更大的挑战。产地缺乏从预冷、分级分选、保鲜和蓄冷包装到贮运设施的全链条生鲜农产品物流品控技术，直接降低了农产品的保鲜期、新鲜度和好果率，也增大了农产品的综合成本，挤压了农产品的实际利润。

二是品牌建设滞后，销售模式落后，难以扩大生鲜农产品销售半径。在供给侧结构性改革的大背景下，农产品上行最大的短板是品牌建设滞后。无公害农产品、绿色食品、有机农产品和农产品地理标志（统称“三品一标”）是政府主导的安全优质农产品公共品牌，是农产品质量安全的重要评价标准。众多农村电商从业者以区域品牌作为品牌，忽视了产品品牌的创建，无法将自己的产品与众多区域品牌区分开来，无法彰显自己产品的特色。在电商实践中，有些电商从业者打着区域品牌旗号，以次充好，市场中出现问题的产品会影响整个区域品牌。随着新媒体、自媒体等新兴营销模式的兴起，传统农业对营销渠道和模式并不敏感，品牌传播力较小。

三是电商人才缺乏，信息不对称，难以提升生鲜农产品销量。电子商务是一个可操作性和实践性要求非常高的领域，电商店铺装修搭建、产品类目经营、物流体系的搭建等都需要专业人才；农产品上行对人才提出了更高的要求，需要大量懂农业、懂电商的新型人才，而由于农村地区吸纳人才的先天劣势和人口老龄化、空心化等众多原因，我国农村电子商务人才十分匮乏。农产品供应链各环节尚未建立起统一的信息平台。即使处于供应链核心位置的企业也无法对整个供应链的信息进行整合、协调和管理。

四是组织化程度低，体系建设落后，难以实现农产品上行的可持续发展。我国的专业化合作社还处于发展的初级阶段，相对松散，功能薄弱，面临着产品标准化程度低、质量不高、经营分散等问题。农产品是非标品，要成为优秀的商品和电商产品，还需要物流、品控、信息等农产品上行体系建设。目前，我国在品质控制、溯源技术应用、品牌打造、包装设计提升、物流基础设施、农村信息网络建设等体系建设方面与农产品上行的要求还有较大差距。

为解决我国县域农产品上行困境，建议如下：

一、引进或联合研发生鲜农产品物流品控技术

物流品控技术是农产品电子商务发展的瓶颈，对生鲜农产品的上行效果起着决定性作用。县域企业通过引入科研院所品控技术成果或联合对农产品产地上行和销地下行过程中冷链、温控、品控、包装、质检及追溯等关键技术突破及路径优化，解决农产品易腐、易坏等难题，以最小的物质、人力、时空消耗扩大物流辐射半径，延长产品保鲜期，实现对不同季节和不同地域消费者的有效供给，最大限度地提高农产品市场价值。蒙阴万华食品有限公司将国家农产品现代物流工程技术研究中心开发的移动式果蔬真空预冷装备、冷链物流运输箱、物流保鲜专用纳米包装材料和冷链物流微环境监控系统等多项设备与技术引入公司，成功实现蒙阴蜜桃跨境出口至迪拜的“零突破”，累计向多个“一带一路”沿线国家累计出口蜜桃等水果超过 1.2 万余吨，累计利润增加 6000 余万元，带动当地就业 1000 余人，极大地带动了县域经济的发展。

二、构建农产品透明温控供应链体系

基于农产品传统物流和电商物流模式，通过采集农产品品类在产、加、贮、运、销、消 6 个环节的各类信息数据，以 3 个环境（时空、包装和微环境）和 3T 数据（时间、温度、品质容许期）为重点，打造“2623”工程。

该工程通过流通方式、仓储数据、物流过程的环境数据监测、品质指标的变化等，进行数据的统计、筛选、挖掘与分析，构建农产品透明温控供应链体系，实现农产品物流过程一体化、智慧化管理。针对全国特色农产品的生物学属性，采用理论模型公式：A1+C2+B（3、4、5）=X6，最后形成农产品上行最优整体解决方案。其中，A 代表农产品的基本生物学特性，C 代表农产品从产地到销地的时空环境；B 代表不同品类品控工艺技术（工艺、装备、信息）。

三、加大生鲜农产品电商物流基础设施和产地商品化建设力度

打造农产品销售公共服务平台，支持供销、邮政及各类企业把服务网点延伸到乡村，健全农产品产销稳定衔接机制，大力建设具有广泛性的促进农村电子商务发展的基础设施。重点解决农产品销售中的突出问题，加大生鲜农产品品控物流基础设施和产地商品化建设力度，加强农产品产后分级、包装、营销，建设现代化农产品冷链仓储物流体系。鼓励支持各类市场主体创新发展基于互联网的新型农业产业模式，深入实施电子商务进农村综合示范，加快推进农村流通现代化。以农业农村部资金投资全国 2000 个农产品示范县，实现农商对接。借助政府“电子商务进农村综合示范县”工程，利用部分专项资金和社会资金，建设一批生鲜农产品电商物流基础设施和产地商品化设施。

四、提高组织化水平，培养本地化电商人才，扩大县域品牌影响力

充分发挥村“两委”领导的农业合作社及新型农业主体对实施农产品上行基础性作用，有效解决经营分散、渠道混乱和信任度问题。投入资金培养本地化电商人才，从电子商务人才培养的源头着手，与高校和职业院

校建立密切的合作关系，采用本地培养、委托培养等多种方式培养人才，因地制宜培养更多符合农村电商市场需求的专业人才，尽快弥补农村电商的人才缺口；提升农村电子商务人才的薪酬待遇，制定完善的薪酬体系和晋升机制，定期发放绩效奖金，激发工作潜力和积极性，以避免人才流失；加强职业技能培训，有关部门应统一建立农村电商服务中心，可以定期组织职业技能培训，为受训者创造更多的实践条件，提高在职人员的职业技能水平，培养更多的适合农村电商岗位的人才。在淘宝、京东等电商平台设立本地馆，持续举办特色农产品销售系列活动，扩大产品销量。把电商产品与特色农产品推介、旅游土特产推介、县域形象品牌推介紧密衔接，线上线下联合推介农产品品牌，不断提高品牌知名度、影响力。

我国水产品冷链物流业亟待关注和解决的几个问题

我国是水产品生产大国，在近 20 年，水产品产量长期保持世界第一，在我国农业中的贡献很大。随着我国经济的持续快速发展，人们物质生活水平的逐步提高，水产品作为人们日常消费的重要组成部分，市场需求日趋庞大，随之而来的是水产品运输问题。如何更好更快地运输水产品，成为业界关注的重点。鲜活水产品对冷链是刚性需求，市场常见的鲜活水产品、冰鲜水产品、冻品均需要冷链物流。目前超市、卖场所谓的冰鲜水产品更多的是通过冷冻后运到目的地再进行解冻后当作冰鲜产品销售的产品。因此，如何做到让水产品在全程冷链环境中运输，保障产品质量，从而使得老百姓吃到真正鲜活、冰鲜产品，还需要政府、企业和科研院所等合力关注和解决这个行业存在的一些问题。

一、建设水产品大数据供应链平台

在水产品原料处理、加工与包装、冷却冷冻、冷库储藏、包装标识等环节，开展水产品冷链物流系统信息化、水产品质量全程监控和质量追溯制度的建设，满足生产、加工、仓储、运输、销售、消费、电子交易各环节信息的互联互通，这对实现水产品贸易畅通和水产品消费升级具有重要意义。

水产品大数据供应链平台旨在提高水产品行业流通效率，以水产品贸易商、水产品生产加工企业、终端消费企业以及冷链物流服务商、冷冻仓储服务商、供应链金融服务商等作为目标客户，为其提供交易、金融、物流、资讯、进出口服务等综合性服务。通过开发建设平台，对水产品供求信息、交易信息、冷链仓储物流信息、供应链金融服务、行业资讯、政策信息等内容进行有效集成，形成功能完备、彼此协调的综合性系统。借助互联网平台模式与思维，打破水产品传统贸易业务方式，引领水产品供应链变革，实现水产品供应链一站式服务。

建设政府支持水产品冷链物流平台，支持大宗水产品批发市场等重要水产品物流节点的冷藏冷冻设施建设，支持不同温区及技术装备要求的高价值特色水产品，引导水产企业改造生产流水线及温控设施，加强产品预冷等低温初加工设施建设，加强分级、包装、预冷等商品化处理和冷藏储存环节建设。鼓励水产品加工、流通和销售企业购置预冷保鲜、冷藏冷冻、低温分拣加工、冷藏运输工具等冷链设施设备，提高冷链处理能力，减少“断链”现象。推广预冷、初加工、储存保鲜和低温运输技术，发展产销一体化冷链物流。平台建设需借助政府政策支持力度，实现客户资源导入。积极向当地政府申请税收返还等政策，将政府返还的税收部分用于反哺客户，以支持平台引入客户。

二、构建水产品冷链物流体系

应鼓励大型生鲜农产品生产、养殖、批发企业，建立健全供应链体系，实现产销一体化。通过股权合作，使水产品流通企业和新型农业经营主体，通过参股控股、兼并收购等多种方式形成产销优势互补。“自有 + 合作基地”等方式，向生产环节延伸产业链条，实现“销 + 产”一体化经营的情况，应鼓励开展节点技术研究和集成技术创新，形成电商模式下涵盖水产品全产业链的新型冷链物流技术体系。

建议综合考虑水产品生产布局、居民消费水平、交通区位等因素，坚持因地制宜、优势互补、协同发展，避免恶性竞争，优化冷链物流资源配置，科学规划冷链物流市场建设。打通水产品冷链物流服务对电子商务发展的瓶颈，引导“互联网 + 冷链物流”互促发展，解决冷链物流领域信息不对称问题以及流通业高成本、低效率的问题。对冷链基地建设进行前期科学规划论证，并给予资金支持。在整体规划的基础上，尽快出台促进冷链物流产业发展政策，强化区域合作和提高整体运行效率，突出建设和发展重点。依托生产、加工企业和水产品市场交易中心，打造从沿海到内陆的冷链物流体系。

三、解决水产品冷链物流上行中的技术瓶颈

许多像海洋渔业这样的传统企业借力“电商天网”和“互联网 +”的大潮，探索转型升级发展之路，冷链物流为满足不同时空、地域的个性化需求，水产品冷链物流行业向上下游延伸，产品上行“最初一公里”成为关键和核心。根据水产贸易迅猛发展的需要，应对水产品冷链物流新工艺、新技术、新型高效节能的移动式冷却装置、冷藏运输设备车辆、单元化标准储运器具、包装、质量安全追溯设备和技术等进行集中攻关与研制。

建议支持现有冷链物流企业做大做强，鼓励冷链物流企业通过参股控股、兼并联合、合资合作等方式，进行资产重组、业务融合和流程再造，壮大企业规模和实力。鼓励水产品加工企业自建冷链物流设施，构建生产

源头低温控制、冷链运输和终端低温销售的全产业链冷链物流体系。选择部分种类高价值特色农产品，探索推广产后预冷、初加工、储存保鲜和低温运输技术，发展一体化冷链物流。

加快发展我国农村鲜活产品流通的思考与建议

鲜活农产品流通是实现产地农产品“存得住，运得出，卖得掉，赚得到”的重要载体，是实施乡村振兴战略、推动产业兴旺的关键措施。近年来我国鲜活农产品流通体系不断完善，流通发展取得明显成效，对保障城乡供给、促进农民增收发挥了重要作用。但其在冷链物流发展、产地市场建设、农业品牌培育、产后处理技术研究与推广等方面滞后，另外，部门政策与资源难以整合等问题亟待解决。

一、存在的问题

（一）冷链物流基础设施装备总量不足

由于建设投资较高等原因，农产品冷链物流的设施装备严重不足，难以满足市场流通需求。据统计，截至 2017 年我国每百人冷库容积约 7.56 立方米，每万人拥有冷藏车 0.83 辆，分别为日本的 1/4 和 1/10。山东省作为农业大省，目前建有冷库 3080 座，低温储存能力 900 万吨（其中冷藏库 310 万吨，冷冻库 470 万吨，其他冷库 120 万吨），而山东省每年蔬菜、水果产量超过 1.2 亿吨，缺口十分明显。

（二）产地市场数量不足、建设水平不高

在我国农产品流通体系建设中，长期存在着“重城镇、轻乡村”“重销地、轻产地”的倾向，社会资本和财政投入多集中于城市销地市场，产地市场数量不足、分布不均、设施简陋、功能单一等问题日益凸显，与销地市场相比明显处于弱势，是当前农产品上行中最薄弱的环节和最大的短板。

（三）农业品牌培育亟待加强

我国农产品品牌建设起步晚，品牌发展尚处在初级阶段，存在着建设主体力量散而不强、产品多而不优、品牌杂而不亮等问题，缺少真正具有竞争力的品牌。相当多的农产品在品种特性、地域特色、文化内涵等方面价值巨大，由于长期以来企业对品牌创建认识不够，对品牌价值挖掘不足，始终缺乏具有影响力的区域公用品牌和产品品牌，产品仍以普通产品或初加工产品为主，附加价值较低。而且，由于管理不严，贴牌销售现象频发，农产品区域品牌和商品品牌建设亟待加强。

（四）农产品产后处理技术研究与推广滞后

近年来，尽管相关科研院所开展了大量保鲜储藏和冷链运输设备与技术研究，但由于相关技术适用性较差，使用成本偏高，加之农产品生产季节性特性，设施设备使用空置期较长，导致冷链运输和保鲜等技术发展缓慢，尤其难以规模化推广，发展明显滞后。

（五）各部门政策与资源难以整合

农产品流通涉及商务、交通、邮政、供销等多个部门，相关部门管理条块分割、各管一段，客观上容易造成连接断档、政出多门等问题，难以形成良好的合作、互动与协同机制，导致行政管理效能与市场经营效率的双重损失。

二、对策建议

（一）贯彻国家一号文件等重要文件政策精神，引导科研机构、行业协会，进一步加强技术研发、标准体系完善与商业模式探索

乡村流通作为乡村振兴的重要内容。农业农村、交通运输、科技等职能部门应通过引导科研立项、制订行业发展规划等，引导激励科研机构、行业协会加大核心产地预处理、贮藏保鲜技术和产地冷链运输方式等方面的研发力度，推广标准化种植、养殖技术，加快制修订农产品冷链标准、物流运输标准、质量溯源标准、采购标准、初加工标准、包装标识标准、贮藏运输标准，探索“生鲜电商 + 冷链宅配”“中央厨房 + 果蔬冷链配送”“生鲜生产基地 + 冷链物流”等经营模式，引领我国鲜活农产品冷链发展方向。

（二）统筹布局，构建多层级的农产品流通格局

鲜活农产品流通网络要基于消费格局优化生产布局，进而形成国家、区域等多层级统筹，“大生产、大流通”与“区域生产、区域流通”相融合的产销布局。

建议对于相对耐存储的鲜活产品，要在国家层面开展科学设计，在保证一定区域自给率的基础上，通过全国大市场来调节供需；对于储存期短的产品，应引导地方从自身优势资源出发，尽量在合理的食物里程内，实现区域内供需匹配，尤其是具有区域特色的产品需求，更应以区域为单元谋划流通格局。

（三）明确农产品产地批发市场的公益性质，建立农产品批发市场的公益性保障机制

当前，各级批发市场是我国农产品流通体系的主要枢纽，农产品经由率在 70% 以上，在推动产品集散的同时，批发市场也面临价格形成、安全监管、应急储备等问题。批发市场如果任由私营经济控制，则可能会出

现摊位招标费高达上百万元的情况，这会在消费者购买价格中得到体现。高费用推高价格，低利润导致公益性功能缺失，进而导致“买贵”与“卖难”并存。考虑到农产品批发市场在我国产品流通中的关键作用，应把批发市场建设，尤其产地批发市场建设当作公益性工作来抓，在明确公益性职能内涵的基础上，加大政府财政投入，多渠道筹集资金，出台土地供给、税收减免等优惠政策，建立农产品批发市场的公益性保障机制。

（四）完善农村两段式三级物流服务体系

建议通过构建中转城乡、辐射到村，效率高、功能强、周转快的县、乡、村两段式三级物流服务网络体系［即建设县（市）级分拨配送中心、乡镇公共配送站和村庄公共配送点，形成以县级为中心、镇级为节点、村级为网点］，解决农村终端配送的“送货难”“送不起”“走不远”等顽固性难题。一级网络，建成具有公共仓储、加工分拣、全市分拨、区域配送、货物中转、信息服务等复合功能的面向县、乡、村的配送分拨中心。二级网络，建设镇级公共配送站。借助邮政体系，按照各镇、街道、开发区“配送半径适度，分片配送、错位发展和服务辖区村”的原则，布局镇级公共配送站；形成承上启下、布局合理、高效顺畅的二级配送节点体系。三级网络，建设村级配送网点。借助各村书记、主任等村干部，以及村里的卫生所、零售店等人力和场所资源，在自然村合理布局物流快递公共配送点。

关于进一步发展山东省生鲜农产品跨境电商的建议

跨境电商进口试点城市、跨境电商综合试验区积极先试先行，已成为外贸创新发展的新亮点、转型升级的新动能、创新创业的新平台和服务“一带一路”建设的新载体。截至目前，我国共有37个跨境电商试点城市，按照《中共中央 国务院关于推进贸易高质量发展的指导意见》，跨境电商试点城市范围进一步扩大。2019年12月24日，《国务院关于同意在石家庄等24个城市设立跨境电子商务综合试验区的批复》对外发布，同意在石家庄、太原等24个城市设立跨境电子商务综合试验区，跨境电商综合试验区增至59个，形成区域全面覆盖格局。各地已结合实际探索出宝贵的经验和做法。

2019年1—10月，山东省跨境电商零售出口22.5亿元，同比增长76%。跨境电商直购出口增长74.3%，网购保税进口增长82.7%，跨境电商产业链和生态圈不断优化，跨境电商正成为全省外贸发展的新动能和产业转型的新引擎。随着跨境电商营商环境日益优化，各地市纷纷出台跨境电商发展优惠政策。威海市出台《发展跨境电子商务产业三年行动计划》，开通“1210”进口、特殊区域出口、跨境电商转口等业务，加快推进与跨境云公司合作，搭建全模式、全链条电商服务平台，吸引个体工商户、微商代购等电商群体入驻，力争2019年跨境电商业务量达到5亿元；青岛市出台“无票免税”政策的配套实施细则，引导零售出口业务从“快件渠道”向“9610渠道”转化，扩大全市跨境电商零售出口的业务规模。山东省省级跨境电商主体达到136家，全省已有1.5万多家传统外贸企业和制造企业运用跨境电商实现新发展。济南市稳步推进济南综保区跨境电商产业园、零点跨境电商产业园建设，中邮跨境电商O2O体验店开业成功营运，全市注册第三方服务平台达到15家，服务企业1500余家，成交额超过50亿元。威海市建成集保税仓储、分拣分拨、展示交易等功能于一体的国际物流园，吸引70多家跨境电商产业链企业在园区聚集，平均每月进出口跨境电商货物400TCU（Transmission Control Unit，自动变速箱控制单位）以上，货值2.8亿美元，占青岛关区业务量的80%以上。

山东省是农产品生产和销售大省，很多地方特色产品除了供应国内市场所需外，也大量销往国外市场。对于生鲜农产品而言，在贮藏运输中很容易腐烂变质，其特殊的生物学特性和物流特性，限制了生鲜产品的物流半径。近几年来，山东省对农产品贮藏运输品控技术的研发非常重视，科研工作者已经在品控技术设备开发方面获得了一系列重大成果并进行了推广应用。比如，国家农产品现代物流工程技术研究中心的冷链创新团队从2015年起，就通过技术研发解决了山东省蒙阴蜜桃的贮藏运输技术难题，蒙阴蜜桃跨境出口到迪拜、新加坡、东南亚等“一带一路”沿线国家和地区，带动了当地县域经济的发展和农民的就业问题。但是，作为生鲜农产品跨境出口，还有一些亟须解决的问题。现提出如下相关解决措施：

一、进一步完善政策支持体系

建议加快推进青岛、威海、济南、烟台4个国家级跨境电商综合试验区建设，落实跨境电商零售进口过渡期后监管方案，探索简化商品备案要素的可行性，完善跨境电子商务出口退（免）税业务流程衔接，落实跨境电子商务零售出口货物增值税、消费税退（免）税政策，推广跨境电商零售出口“无票免税”政策；充分发挥面向日韩的地缘优势，借鉴深圳前海“MCC（Multi Country Consolidation，多国集拼）模式”，切实用好“采购地申报、口岸验放、一体化通关”政策，盘活保税仓储资源，创新开展跨境物流一体化运作模式，建设中韩日跨境电商高速物流通道，构建具有山东特色的中日韩跨境进口模式，实现日韩产品揽货、中转分拨、进出口集拼一站式完成。

二、做强跨境电商服务平台

加快推进青岛、威海、济南、烟台 4 个国家级跨境电商综试区构建集合海关、检验检疫、税务、外管等政府部门，具备通关、退税、结汇、物流、仓储、融资等服务功能的跨境电子商务综合服务平台，实现“一次申报、一次查验、一次放行”；鼓励跨境电商综合试验区依托跨境电子商务综合服务平台，试行汇总征税、自报自缴等快速通关模式，加快出口退税进度，提高口岸监管便利化程度，简化企业申报办理流程。

三、加强优质跨境电商主体招引

积极引进国际知名、市场占有率高的跨境电商经营主体，鼓励知名跨境电商平台在青岛、威海、济南、烟台落户总部或功能性区域中心，对重点企业实施“一事一议”政策，综合施策、定向发力、分类指导，与阿里国际站、eBay、Wish、虾皮、天猫国际等跨境电商平台开展专场资源对接活动；引进跨境物流载体，鼓励菜鸟、“四通一达”、UPS（United Parcel Service Inc，美国联合包裹运送服务公司）等快递企业落地建设国际快件一级分拨中心；引进获得央行支付业务许可的跨境第三方支付企业以及跨境结售汇服务机构，为跨境电子商务发展提供良好的金融结算服务支撑。

四、推动开通中欧班列跨境电商专线

积极推动中欧班列与省内跨境电商企业、升级公共海外仓精准对接，提升货源集结能力，实现班列开行常态化、便利化，破解山东省同内陆国家联通不畅的瓶颈；创新运营模式，积极探索中欧班列铁路提单物权化，推进中欧班列“一单制”试点，推进解决铁路国际联运单证物权问题，推动中欧、中亚班列人民币结算进程，为山东省同“一带一路”沿线国家开展跨境商贸开启新的通道和窗口。

五、加快推进公共海外仓建设

鼓励支持省内跨境电商企业建设覆盖美国、印度、德国、日本、英国等主要出口国家，捷克、西班牙等“一带一路”重要节点和沙特、尼日利亚等潜力新兴市场的海外仓。对建设面积较大、服务企业数量较多、年度交易额较大的公共海外仓给予奖补，对公共海外仓产生的租赁费给予支持。分类分级培育海外仓，根据公共海外仓的特点，区分贸易型、物流型及平台型，并根据各类型海外仓特色，配套制定评审标准，同时适当放宽准入条件。加强省级公共海外仓的动态监测管理，自主开发海外仓管理系统，与企业信息化系统对接，推动评审、评估环节的数字化转型，打造信息联通服务平台。

六、加大科技投入和人才培养培训力度

加大对生鲜农产品冷链物流品控技术装备、周转设备、单元化标准化载具、环保型长时间蓄冷装备的研发经费投入。针对跨境电商方面的技术实操人员进行人才培养培训，形成知识、人才和产业相关标准。

关于将 LNG 冷能作为农产品冷链物流业新冷源的建议

冷链物流对冷能需求量大，现有终端能源品种中，除电力可实现冷能转换外，管道天然气、汽柴油、煤炭、生物质燃料等只能提供热能，太阳能、风能等新能源远不能支撑冷链物流所需冷能。

据了解，日本是较早开展 LNG（Liquefied Natural Gas，液化天然气）冷能利用的国家之一，利用 LNG 冷能发电至今已经超过 30 年；神奈川县根岸建成 LNG 终端金枪鱼超低温冷库，投产运行良好，为 LNG 冷能应用于冷库建设提供了优秀范例。目前，我国 LNG 接收站和大型水产冷库基本都设在港口附近，这方便远洋捕获鱼类的冷冻加工，同时回收 LNG 冷能为冷库提供冷源也比较容易实现。2017 年以来，国家鼓励发展 LNG 罐式集装箱多式联运，推动建立从境内外液源地直达终端“一罐到底”液态供应系统。LNG 罐式集装箱宜运宜储，市场配置不受管网限制可达任何区域，在快速形成供热能力的同时可将其蕴含冷能直供终端，从根本上消除了冷链物流利用 LNG 冷能的地理空间限制。

目前，我国冷链物流利用 LNG 冷能处在探索发展阶段，对 LNG 冷能利用认知度较低，主要存在以下问题：

一是冷能利用效率低。由于我国在LNG冷能利用方面起步较晚的客观原因，目前我国在该领域仍然未有较多的成熟先进技术，即使有少数投入实际生产的单元冷能利用工艺，仍存在冷能利用效率低，㶲损大的现象，致使LNG所携带的大部分冷能没有得到合理利用。梯级冷能利用工艺虽然已经被提出，但由于没有对其进行深入理论分析与合理的工艺设计，其仍然未能够从根本上解决LNG冷能利用效率不高等问题。尽管目前利用技术研发有一定成果，但在LNG冷量采集方式与采集地点、热交换方式与装备最优设计、制冷剂与载冷剂优化选配、LNG冷能利用与冷库设备对接，以及试验测试条件等方面，亟待形成有利于产业化应用的技术路线和标准规范。

二是经济效益前景不明确。经济上有账可算是利用LNG冷能的市场推广基础。目前，LNG冷能利用成本与电力制冷成本比对是否具有优势，冷能利用设备及改造投入回收期是否经济合理，冷能利用替代量的经济平衡点是多少等，经济方面的问题尚无确定性说法。冷链物流企业更多看重冷能利用的装备投入承受力和实际经济效益，如果无法取得与电力制冷的成本比较优势，LNG冷能利用将难以产业化推进。

三是资源整合度不高。目前，我国LNG冷能利用项目大部分是接收站以外的其他公司投资建设，与LNG接收站投资主体不同，导致接收站运行和冷能利用项目运行不衔接、不协调。同时，国内由于目前电和天然气的定价机制：LNG汽化后的售价是按成本加利润上报国家发改委审批而定，接收站不用冷能不影响其经济效益。所以LNG接收站业主把注意力集中在保障上百亿投资项目的稳定和安全运行上，担心冷能利用“副业”对主业（汽化供应）有干扰。这极大地限制了大部分LNG冷能的利用。

四是存在一定的安全风险。LNG属于2.1类危险品，许多制冷剂也是危险源，LNG冷能利用的安全性是重中之重。尽管石化行业和制冷行业具有丰富可靠的安全措施与经验，但两种危险源叠加在一起仍将增大安全运行难度。在国家加强安全生产监管大背景下，如何确保冷能利用技术装备及运行管理的安全性，关系到能否成功推进其产业化应用。

为突破冷链物流利用 LNG 冷能瓶颈，我们通过大力开发 LNG 冷能产业化利用技术，为农产品加工和“产地冷链”等提供区域性、系统性、低成本综合用能解决方案，建议：

一、充分研讨论证，制定行业发展政策

扩大冷能供给，降低能源成本，是冷链物流发展新旧动能转换的重要举措。LNG 冷能利用技术性强，涉及方面多，安全性要求高，作为新冷源供给模式能否成功建立面临许多不确定因素。建议相关部门开展可行性论证，如邀请专家学者专题研讨、召开不同类型专题论证会、开展相关软课题研究等，对技术性、经济性、安全性等难点问题形成解决方案，作为行业共同行动的决策依据。在各方面达成可行性共识基础上，启动推进工作，营造推进氛围，形成上下游推进合力，及时向相关政府部门汇报，研究制定相关鼓励扶持政策。

二、搭建创新平台

目前相关研发资源分散，上下游衔接不畅，建议在充分利用相关单位已建立资源平台、研究系统和科研团队的同时，搭建产学研跨行业集成创新平台，聚焦冷链物流应用研发，加强科技信息共享，促进学科交叉融合，合理配置和高效利用研发资源。建议由研究机构牵头，组织天然气与制冷行业的相关技术装备研发单位，组成冷能利用技术集成创新联合体，尽早在技术路线和相关规范标准方面实现突破，在资源方面形成冷能利用保障机制，组织农产品冷链物流利用 LNG 冷能相关软课题研究。

三、加强技术攻关

建议国家和行业高度重视LNG冷能回收利用问题，特别是加大这方面的技术与配套装备的研发应用工作力度。例如，可以将中小型LNG释放气体时所产生的废冷应用于冷链物流领域，无论是对于冷链物流的发展，还是节能减排都有着十分重要的意义。笔者所在的团队正在开展基于LNG冷回收的陆海联运绿色保鲜设备及品质控制技术的研究，研制节能环保、智能高效的LNG冷回收的快速冻结、冷藏装置，配套水产品保鲜工艺；研制基于LNG冷回收蓄冷密度大、流通性好的流态制冰设备，并开展规模化示范应用；研究基于LNG气化站的高效蓄冷、释冷技术及配套装备，建立单元式移动式能源站，针对不同的冷链模式及用途，开展多温区高效蓄冷技术研究与应用；针对现有食品冻干设备造价高、利用率低、时间长等问题，充分利用LNG释放的高品位冷能优势，开发LNG冷回收食品冻干设备；等等。

四、选点试验示范

未来可选择的试点示范场景包括：一是冷热源同时需要的冷链企业；二是冷链企业需要冷源，周边企业需要热源；三是与燃气企业合作，为冷链企业提供冷源，LNG汽化后输入燃气管道；四是在燃气企业气化站完成冷量采集蓄冷，供应冷链企业需要等。实现冷链物流利用LNG冷能产业化，是一个比较长期的过程，不可能一蹴而就。当前无论采用何种冷能利用技术，都要面对LNG供冷相对不连续的客观现实。因此在冷链物流冷能供给体系中，LNG冷能利用应当定位在补充冷源，即电力供冷之外的“第二冷源”。面向现有单体冷库和冷库集群，屠宰、加工、冷藏等冷链业务集中地，以及现有LNG接收站和气化站，提供电力制冷与LNG冷能利用双冷源供给、LNG热电冷三联供分布式能源，以及采集LNG冷量蓄冷等技术与装备解决方案，促进冷链企业通过高新技术应用和技术改造降低能源成本。

以中央厨房推动山东省水产品行业转型发展

目前，我国水产企业在产品服务和营销方面还在重复着老路，仍以经营水产业的中上游，即以传统养殖和初加工为主，对销售端关注不够，市场意识薄弱、品牌建设能力低下、产品创新乏力、质量控制能力弱、产业组织分散，这些问题限制了水产企业生存和成长空间。

山东作为全国最大的水产品生产和出口省份，应加快发展水产品温控供应链，推广以产品集采、集产、集配和集销为特征的“中央厨房 + 水产品食材冷链物流”经营模式，这不仅是一种行之有效的常态化疫情防控举措，而且可再造“海上粮仓”，推动山东省水产品行业转型升级，带动山东省区域经济发展。

近几年，山东省中央厨房市场规模发展迅速，其中济南、青岛和泰安，分别占比 27.9%，18.6% 和 14%。笔者对山东省 1070 多家中央厨房的地域分布、注册资金和主要品类进行了分析，并重点走访了部分企业，发现企业在发展过程中面临着各种问题，主要有：

一、水产品食材供应链体系不健全

目前，水产品流通渠道放开畅通，供应链节点企业日趋多元化。山东省渔户、渔民合作组织、加工企业、产地批发商、销地批发商、贩销大户以及各种零售终端等流通主体之间交易或协作错综复杂，导致水产品食材供应链物流路径呈现出分散化格局，尚未形成标准化、智能化、协同化的供应链体系。

二、初创期企业的创新能力弱

中央厨房虽是中式餐饮食品工业化发展进程中的阶段性产物，但中央厨房和服务于餐饮的食品工厂两种方式比较起来还有很大差异。处于初创期的中央厨房企业仍沿用传统餐饮研发思维，存在技术创新与模式创新不融合等情况，如产品品种的研发与销售不匹配，设备的研发与利用不匹配等问题。

三、冷链物流对中央厨房的支撑不足

目前餐饮企业的冷链物流发展主要依靠消费者市场需求在拉动，整个餐饮行业缺少冷链物流行业标准、国家强制性标准，缺乏冷链规范和引导发展政策，多数餐饮企业的冷链意识不足，餐饮冷链服务市场发展尚不完善，冷链物流服务市场盲目竞争，形成恶性价格战，等等。相当数量的企业忽视产品标准化工作，品质不稳定，储存运输过程损耗高，冷链物流未实现无缝对接，可追溯性难。

四、多数企业对物流成本淡漠

调研发现，相当数量的中央厨房企业存在成本核算不精细问题，“重费用管理、轻成本核算”现象较为普遍。这些企业往往只关注产品的来料和出货价格，对流通成本、管理成本、运营费用核算不足。有的企业甚至将物流成本与生产加工成本混为一谈；有的企业因需求分散，需要分别配送，形成了额外的时间和车辆配送成本；有的企业负责物流配送的人员长久以来都是根据自己的经验实施物流配送方案，而这大都不是最优的物流配送方案，由此造成了物流配送总成本的提升。

为推动山东省水产品行业转型升级，加快发展“中央厨房 + 水产品食材冷链物流”经营模式，建议：

一、整合多方资源，打造水产品食材供应链体系

鼓励企业加快升级改造步伐和配套协作，采用现代经营理念、管理手段和运作模式，提高中央厨房整体质量与效率。鼓励企业兼并联合，通过企业兼并重组、参股控股、合资合作等方式，整合现有水产品生产、加工、批发市场、连锁店、商超、冷链物流企业的资源，打造各流通主体快捷高效、协作有序的供应链体系。

二、争取资金、政策支持，推动企业健康发展

应积极争取中央资金对山东省水产品中央厨房和水产品供应链项目的支持，发挥省级政府引导基金对创新能力强、示范作用大、规划前景好的水产品食材供应链企业的支撑和引领作用。将水产品品类纳入鲜活农产品运输“绿色通道”工程，适当放宽对水产品冷链运输车辆的城市交通管制。引导水产品冷链运输企业使用清洁能源并给予车辆改装政策优惠或购置补贴。支持公益性或半公益性的水产品仓储配送基地建设。

三、支持新型冷链物流技术研发，强化冷链物流对中央厨房的支撑

建议科技部门应出台相关政策，鼓励和支持科研团队创新突破保障水产品在仓储、运输和配送各环节的质量品控关键技术，推动集成应用成果向相关企业转化与应用。通过技术和模式创新的融合，建议相关部门建立涵盖水产品全产业链的新型冷链物流技术体系。

四、完善全流程、全时段、全要素水产品质量监管体系

针对不同水产食材，相关部门应从冷链装备、保鲜工艺、信息技术等方面进行综合数据分析，建立水产品数据仓库智能决策系统。建立健全水产冷链物流流通加工、储存、运输、中转等主要环节的监管和追溯体系，重点建设消费端的查询系统，并畅通反馈渠道。在冷链建设重点工程中，同步建设监管和检测设施。依托现有监管和检测资源，进一步提高主要生产基地、加工基地、配送中心、中转中心、进出口口岸的查验和检测能力，提高监管水平，完善追溯体系。

完善多式联运体系，降低物流成本

中央财经委员会第四次会议提出，要有效降低全社会物流成本。2024年的全国两会上，政府工作报告又提出，2024年要实施降低物流成本行动。降低社会物流成本，提高物流运输效率，是不是意味着物流服务价格越低越好？其实这是个误区。目前从物流行业来看，物流服务的费用实际上是持续下降的，物流成本已经到了一个相对低的临界点。从运输环节角度看，公路、铁路和水路运输，大家都说无钱可赚了，其实它们的成本压缩已经比较低了。因此，在物流服务价格处于较低水平的情况下，进一步降低物流成本的主要途径就是调结构、促改革，优化运输结构，强化"公转铁""公转水"，实现高效的多式联运服务。但是目前我国多式联运体系还存在一些问题：

一是集装箱化率低。据欧美经验，内贸多式联运主要依托铁路枢纽场站，以干线铁路、公铁联运为主体，使用内陆箱（集装箱、交换箱体）、半挂车、卡车整车为运载单元。现阶段我国内贸运输集装箱化率仅为6%，发达国家水平则有75%；我国内贸集装箱占港口总吞吐量比为29%，发达国家水平则有 80%；我国主要港口海铁联运占比仅为 4%，发达国家水平则有 30%；中国铁路集装箱运输占铁路总运量仅为 7%，发达国家水平则有 80%。

二是基础联运设施不完备。各种运输方式长期独立发展，缺乏全局层面的统筹规划，致使铁路、公路、水运等体系分散发展，不同运输方式之间没有形成高效链接。例如，港口基础设施建设与铁路线建设的不同步、港口内基础设施布局不合理等导致集装箱海铁联运难以实现真正的无缝衔接，需要集装箱卡车等转运工具协助进行短驳运输，从而增加装卸环节，提高运输成本。另外，受制于港口、铁路之间设施的不协调、信息沟通的不畅，造成了分拨困难、港口拥堵以及铁路作业时效不能得到保证。

三是多式联运体系标准不统一。多式联运涉及铁路、公路、港口、船队、货代、海关、边检、银行、保险等较多业务单位。多年来运输部门实施的所谓联合运输仅仅只是不同运输方式的物理连接，而不同的运输方式有各自独立的运输管理系统和运输标准体系，再加上不同地区、不同运输方式对商品品类和商品危险等级划分标准不同，对彼此的需求和标准无法达到统一、互认，不能充分发挥各方的资源优势，反而需要耗费大量的时间成本去获取有效信息。

本文提出建议如下：

一是深入推进“散改集”作业模式。积极发展大容量内陆箱、推进交换箱体的广泛应用、发展多挂汽车列车、积极研发专用载运及换装设备，以便于发挥多式联运无缝衔接、便捷换装、快速转运的优势。例如，山东省商业集团有限公司所属的科技部国家农产品现代物流工程技术研究中心注重适用于生鲜农产品多式联运下的单元化标准化载器具的创新研发，开发的冷链无外接能源、零碳排放的单元标准化蓄冷式冷藏集装箱等多式联运装备，目前已经实现一次充冷可以蓄冷 3 天，未来可实现一次充冷达到更长时间的蓄冷效果。开展集装箱、半挂车等标准化运载单元的租赁业务，提高集装箱的使用效率，减少空载运行。

二是完善多式联运集疏运体系。发挥各级政府作用，持续推动铁路专用线进港、进园区，解决港口、铁路场站的集疏运道路障碍，强化港口和车站“前后一千米”效率提升。例如，2021年6月29日，全球首个智能空中轨道集疏运系统在山东港口青岛港建成投用，该系统实现了空轨技术与港口业务的有机融合，打通了集装箱运输港、船、站、场间的转换，构建起更加安全、高效、环保、经济的立体智慧绿色港口集疏运新模式新样板，实现了港区交通由单一平面向立体互联的突破升级。

三是提高多式联运的标准化水平。由交通运输部和中国铁路总公司牵头，积极推进与多式联运相适应的规则协调和互认机制，研究制定不同运输方式下货物名称和危险等级划分互认清单，为便于公、铁、水等方式间衔接，集装箱多式联运货物品类划分、品名和代码及多式联运单据要统一标准，运费计算、包装与装载、交接服务、保价保险理赔等标准和规则要协同，研究细化各方互认的海、公、铁联运集装箱收发、安检、查危、相关责任界定等标准。

山东省农产品电商发展现状、存在短板及对策建议

近年来，各级政府高度重视农产品上行，着力推动县域经济发展和乡村振兴战略实施。山东省早在2016年就下发《关于贯彻国办发〔2015〕78号文件促进农村电子商务发展的实施意见》，逐步在涉农县基本建成了县乡村三级服务网络，11个欠发达革命老区县成为国家电子商务进农村综合示范县。2019年山东省农产品网络零售额实现294.6亿元，占全国农产品网络零售额的比重提升至7.4%，同比增长38.6%，增速高于全国11.6个百分点。

但是，与南方省市尤其是浙江、江苏相比，差距仍然巨大。根据《浙江乡村振兴发展报告(2018)》公布的数据，2018年浙江省农产品网络零售额就已经达到667.6亿元。江苏全省农产品网络销售额在2017年已达364亿元，淘宝村数量位居全国前三位。

与南方先进省份相比，山东省农产品上行主要存在以下短板：

一是缺乏科学的生鲜农产品物流品控技术，难以突破时空界限。农产品是季节性生产、全年消费，地域性生产、全国消费的产品。生鲜农产品

的生物学属性决定了其易腐性。与工业品相比，生鲜农产品对企业的贮运保鲜能力、供应时效能力和成本控制能力等提出了更高的要求，也给农产品上行带来了更大的挑战。产地缺乏从预冷、分级分选、保鲜和蓄冷包装到贮运设施的全链条生鲜农产品物流品控技术，直接降低了农产品的保鲜期、新鲜度和好果率，也增加了农产品的综合成本，挤压了农产品的实际利润。

二是品牌建设滞后，销售模式落后，难以扩大生鲜农产品销售半径。在供给侧结构性改革的大背景下，农产品上行最大的短板是品牌建设滞后。无公害农产品、绿色食品、有机农产品和农产品地理标志（统称“三品一标”）是政府主导的安全优质农产品公共品牌，是农产品质量安全的重要评价标准。众多农村电商从业者以区域品牌作为品牌，忽视了产品品牌的创建，无法将自己的产品与众多区域品牌区分开来，无法彰显自己产品的特色。在电商实践中，有些电商从业者打着区域品牌旗号，以次充好，市场中出现问题的产品会影响整个区域品牌。随着新媒体、自媒体等新兴营销模式的兴起，传统农业对营销渠道和模式并不敏感，品牌传播力较小。

三是电商人才缺乏，信息不对称，难以提升生鲜农产品销量。电子商务是一个可操作性和实践性要求非常高的领域，电商店铺装修搭建、产品类目经营、物流体系的搭建等都需要专业人才；农产品上行对人才提出了更高的要求，需要大量懂农业、懂电商的新型人才，而由于农村地区吸纳人才的先天劣势和人口老龄化、空心化等众多原因，我国农村电子商务人才十分匮乏。农产品供应链各环节尚未建立起统一的信息平台。即使处于供应链核心位置的企业也无法对整个供应链的信息进行整合、协调和管理。

四是组织化程度低，体系建设落后，难以实现农产品上行的可持续发展。我国的专业化合作社还处于发展的初级阶段，相对松散，功能薄弱，面临着产品标准化程度低、质量不高、经营分散等问题。农产品是非标品，要成为优秀的商品和电商产品，还需要物流、品控、信息等农产品上行体系建设。目前，山东省在品质控制、溯源技术应用、品牌打造、包装设计提升、物流基础设施、农村信息网络建设等体系建设方面与农产品上行的要求还有较大差距。

受某些因素影响，传统线下消费受挫，电子商务引领了中国“宅经济”。2019 年，京东大数据研究院发布数据称，除夕至初三，京东生鲜销量环比节前增长超 370%，卖出了 4000 多吨生鲜产品，3—6 线城市销量同比增长了近 300%。山东省作为农业大省，更应抓住机遇，在平台经济时代充分利用“互联网 + 农业”模式，把农产品资源丰富的优势转变为经济优势、品牌优势。建议如下：

一、加大生鲜农产品电商物流基础设施和产地商品化建设力度

打造农产品销售公共服务平台，支持供销、邮政及各类企业把服务网点延伸到乡村，健全农产品产销稳定衔接机制，大力建设具有广泛性的促进农村电子商务发展的基础设施。重点解决农产品销售中的突出问题，加大生鲜农产品品控物流基础设施和产地商品化建设力度，加强农产品产后分级、包装、营销，建设现代化农产品冷链仓储物流体系。鼓励支持各类市场主体创新发展基于互联网的新型农业产业模式，深入实施电子商务进农村综合示范，加快推进农村流通现代化。借助国家“电子商务进农村综合示范县”工程，与国家乡村振兴局、商务部、财政部等深入对接，利用部分专项资金和社会资金，建设一批生鲜农产品电商物流基础设施和产地商品化设施。

二、提高组织化水平，培养本地化电商人才，扩大县域品牌影响力

充分发挥村“两委”领导的农业合作社及新型农业主体对实施农产品

上行基础性作用，有效解决经营分散、渠道混乱和信任度问题。投入资金培养本地化电商人才，从电子商务人才培养的源头着手，与高校和职业院校建立密切的合作关系，采用本地培养、委托培养等多种方式培养人才，因地制宜培养更多符合农村电商市场需求的专业人才，尽快弥补农村电商的人才缺口；提升农村电子商务人才的薪酬待遇，制定完善的薪酬体系和晋升机制，定期发放绩效奖金，激发员工的工作潜力和积极性，以避免人才流失；加强职业技能培训，有关部门应统一建立农村电商服务中心，可以定期组织职业技能培训，为受训者创造更多的实践条件，提高在职人员的职业技能水平，培养更多的适合农村电商岗位的人才。

在淘宝、京东等电商平台设立本地馆，持续举办特色农产品销售系列活动，扩大产品销量。把电商产品推介与特色农产品推介、旅游土特产推介、县域形象品牌推介紧密衔接，线上线下联合推介农产品品牌，不断提高品牌知名度、影响力。

三、引进或联合研发生鲜农产品物流品控技术

品控物流技术是农产品电子商务发展的瓶颈，对生鲜农产品的上行效果起着决定性作用。应鼓励县域企业通过引入科研院所品控技术成果或联合对农产品产地上行和销地下行过程中冷链、温控、品控、包装、质检及追溯等关键技术进行突破及路径优化，解决农产品易腐、易坏等难题，以最小的物质、人力、时空消耗扩大物流辐射半径，延长产品保鲜期，实现对不同季节和不同地域消费者的有效供给，最大限度地提高农产品市场价值。例如，国家农产品现代物流工程技术研究中心将开发的移动式果蔬真空预冷装备、冷链物流运输箱、物流保鲜专用纳米包装材料和冷链物流微环境监控系统等多项设备与技术引入蒙阴企业，成功实现蒙阴蜜桃跨境出口至迪拜的“零突破”，累计向多个“一带一路”沿线国家累计出口蜜桃

等水果超过1.2万余吨，累计利润增加6000余万元，带动当地就业1000余人，促进了县域经济的发展。

四、构建农产品透明温控供应链体系

基于农产品传统物流和电商物流模式，通过采集农产品品类在产、加、贮、运、销、消等环节的各类信息数据，以时空、包装和微环境和时间、温度、品质容许期为重点，对流通方式、仓储数据、物流过程的环境数据监测、品质指标的变化等，进行数据的统计、筛选、挖掘与分析，构建农产品透明温控供应链体系，实现农产品物流过程一体化、智慧化管理，最后形成农产品上行最优整体解决方案。

全面加快山东省多式联运发展，助力供应链提质增效

多式联运是指在运输方式转换过程中，将货物始终保持在相同的运载单元内进行的运输活动，通过促进各种运输方式之间、干支之间的高效转换，显著提升供应链效率，降低物流成本。

山东省依托半岛港口优势，着力优化多式联运通道及枢纽布局，运输链效率不断提升。在南北方向，形成连通长三角、珠三角与东北地区的陆海通道；在东西方向，积极推进“一带一路”海铁集装箱多式联运和中韩陆海联运发展，深化与郑州、西安等地的无水港合作，构建新丝绸之路“桥头堡”。据统计，2023 年 1—4 月，山东省铁路集装箱多式联运发送量 1139.08 万吨，同比增长 25.1%；重点港口集装箱铁水联运同比增长 24.71%，其中青岛港集装箱海铁联运完成 54.1 万标准箱，同比增长 23%，连续五年保持全国沿海港口第一。

山东省在多式联运领域方面具备了一定的基础和条件，但是在多式联运智能集成技术与装备开发、多式联运系统特别是多式联运中转站的建设、推进低碳、数字化多式联运发展模式，打造综合性货运站处理和管理系统

等方面仍存在诸多问题：运载单元标准化水平低、多方式协同效率低、安全防控能力差、集成服务不足、信息平台建设滞后等。

据了解，为系统谋划多式联运发展，河南省正在编制《河南省构建现代多式联运服务体系发展规划(2021—2030)》，“郑州标准”已闻名全国；湖北抓住国家大力推进长江经济带综合交通立体走廊、大力发展多式联运的契机，正在全力冲刺2022年建成全国多式联运中心。为全面促进山东省多式联运发展，助力供应链、服务产业链，我们建议：

一是构建山东省多式联运体系框架。构建涵盖发展战略、体制机制、基础设施设备、服务水平、法规标准、智能信息化、应急保障、效率效益评价等系统的多式联运体系框架；提出以集成调度管理系统平台为中心的多式联运解决方案；研究多式联运异构组网与多种运输模式匹配性，完善支撑资源互联互通、货物高效运输运载的多式联运规则、标准和规范体系。

二是加强多式联运基础设施建设。依托省内外物流大通道，加强铁路、公路与港口、货运枢纽、物流园区的衔接，重点推进公铁联运、铁水联运、陆空联运等基础设施建设，打造“干线运输＋区域分拨”为主要特征的现代化多式联运网络。推进青岛、烟台、泰安等国家多式联运示范项目承载城市新建、改造一批设施装备先进、服务功能齐全的多式联运专业站场，提高一体化转运衔接能力和货物快速换装便捷性，破解制约物流整体运作效率提升的瓶颈。

三是继续开展多式联运示范工程。推进省级多式联运示范工程建设，形成具有典型示范意义和带动作用的多式联运枢纽场站、组织模式、信息系统，加快培育一批服务优质、管理规范、示范引领作用明显的龙头骨干多式联运企业。在保障安全的前提下，积极推动LNG罐箱多式联运。继续推进省内国家级多式联运示范工程建设，对青岛、烟台、威海等多式联运基础好、区域运输流转功能突出、辐射范围广、集散规模大、综合服务能力强的城市实施示范工程，打造省级多式联运示范中心。

四是推动多式联运模式与产品创新发展。基于环渤海鲁辽公铁水滚装联运项目、烟台至韩国平泽中韩陆海联运、济南局集团公司组织开行的“胶黄小运转”集装箱班列等多式联运典型案例，继续创新探索山东省驼背运输、公铁滚装、公铁两用挂车、甩挂运输等新模式。完善多式联运转运、装卸场站等物流设施标准，在建立货物交接、合同运单、信息共享、责任划分、货损理赔等方面形成试点示范，借鉴国内集装箱多式联运“一单制”经验，研究制定统一的多式联运服务规则，有效推动多式联运运营模式和联运产品创新，提升一体化运输组织和服务效能。

五是构建基于单元化货架和载具等物流设施设备的循环共用体系。2020 年 7 月，山东省市场监督管理局批准发布的由赤山集团有限公司、国家农产品现代物流工程技术研究中心和山东海洋现代渔业公司等单位共同起草的《冷冻水产品移动货架通用技术条件》（DB37/T4066—2020）地方标准将于 8 月 16 日正式实施。该标准的实施将有利于对冷冻水产品货架单元的技术要求进行统一，形成科学、协调的循环共用体系，确保物流单元的顺畅交接和交换，减少流通过程中倒换容器的次数，提高冷链运输的周转率，降低人工、管理等成本。同时，利用循环共用体系盘活闲置货架资源，提高社会物流载具的利用率，降低闲置货架带来的资源浪费和环境污染，降低企业资金压力。建议以此为契机，山东省应重点在快消品、电商、工业零部件等适用领域推广应用标准托盘，进一步推进社会化标准托盘、周转箱循环共用，复制推广省内已形成的“链主带动模式”“跨区联动模式”“周转箱一贯化作业模式”“数码托盘开放共享模式”等物流标准化试点经验模式，在标准托盘内部循环共用基础上，推动供应链上下游带板运输。研究制定解除托盘所有权限制的措施，实现托盘自由流通、循环共用，提高托盘使用效率，使物流业形成一贯化托盘作业。推进周转箱、集装箱、货运车厢等物流载具的标准衔接。发展单元化物流，实现一体化运输，提高多式联运各环节运作效率。

六是注重多式联运领域的科技创新研发。近几年来，山东省商业集团有限公司所属的国家农产品现代物流工程技术研究中心与中车石家庄车辆有限公司合作开展了无源蓄冷式冷藏集装箱等多式联运装备研发。建议省发改委、科技厅等相关部门立项和支持针对纵向转运不协同、干支换装衔接不协调、接卸储运作业与运能资源不匹配以及各运输模式信息孤岛难题，开展多式联运装备运输模式自适应、资源匹配和信息监测方法研究；探索适应于集装器、集装袋、集装笼和集装箱等多样化多式联运智能运载单元设备、集运单元智能化和集群化控制技术研究，满足集装货物、大宗物资和危化品、冷链、整车等特种货品多业态需求；开展枢纽场站多式联运自动化接卸转运装备和多式联运与枢纽仓储的供需协同调度优化及智能仓储管控与优化决策支持技术研究，解决枢纽场站多式联运多种模式衔接不顺畅、运输工艺布局不流畅、转运接驳装备不协调、接卸定位精度低、装运作业能力小等难题。

建议推动我国水产品冷链物流集装单元化器具循环共用体系建设

中国是水产大国，水产品产量占全球总产量1/3以上。中国同时是全球最大的海鲜消费市场。随着国民生活水平的提升，中国人均水产消费量也在稳步攀升，据联合国粮农组织预测，2020年中国人均海鲜消耗量将达36公斤。我国已经形成了以水产品批发市场为主渠道，以城乡集贸市场为基础，以副食商场、生鲜超市、个体水产商店和生产企业直销等零售业态为网络的水产品物流体系。目前，我国水产品包装器具种类多样，常用的有泡沫箱、木桶、塑料箱（桶）等。此类器具装卸、运输烦琐，作业效率低，制约了水产品冷链物流行业的发展。

现代物流的趋势是集装单元化技术，此技术同样适用于水产品冷链物流领域。集装单元化技术是物流管理硬技术（设备、器具等）与软技术（为完成装卸、搬运、存储和运输等作业的一系列方法、程序和制度等）的有机结合，是物流现代化的主要特征之一，也是一个国家物流是否发达的重要衡量标准。利用此技术能够有效解决水产物流行业现存的问题，提高水产品流通效率，降低水产品损耗率，提高其市场竞争力，促进经济社会的发展。物流集装单元化的循环共用是循环经济和共享经济在物流领域的典型形式，是一种具备创新、绿色、环保特征的新兴商业模式，对于提高物流效率，降低社会平均物流成本具有重要意义。循环共用系统通过将集装单元化器具进行跨行业、跨地区和跨国界的循环利用，来实现资源共享，减少一次性物流器具的使用和供应链各环节闲置物流资源。

经过多年的发展，我国沿海地区已经逐步形成以批发市场为主体，大型连锁超市和社区菜市场店面为辅的水产品流通体系，大型水产批发市场的建立为水产品物流集装单元化器具循环的实现提供了基础。随着水产品需求的不断增加与水产品所带来经济比重的不断加大，消费者对水产品品质要求的提高，我们迫切需要发展健康、高效的水产品物流模式，而水产品物流集装单元化器具循环共用体系建设应在降低冷链物流成本方面有所贡献。

目前，水产品冷链物流集装单元化载具循环共用体系搭建的问题与难点主要有：

一是集装器具化器具标准化程度较低。以托盘为例，目前我国标准化托盘的市场占有率仅为23%，标准化托盘的循环共用只有2%。此外，我国木质托盘和一次性托盘占比较大，木质托盘约占总数的90%，塑料托盘占总数的8%左右，钢托盘及其他材质托盘仅仅占总数的2%左右。木质托盘易损坏，一次性托盘属于不可循环共用的托盘，这在一定程度上阻碍了托盘循环共用系统的建设进程。根据国家农产品现代物流工程技术研究中心实地走访及调查，各企业所使用的货架规格各不相同。在调研的13家水产品企业中，没有两家企业所用货架标准完全一致。货架长度最长的为150cm，最短为110cm；货架宽度最大的是140cm，最小的是110cm；最高的货架高度是170cm，最低的为117cm。

二是集装单元化器具质量等级不规范。来自不同企业的器具质量各有不同，不利于企业间进行交换。如果在集装器具循环系统中存在较多质量比较差的器具，就会产生驱逐效应，质量较差的器具会逐渐占领市场，从而取代较好的器具，导致市场中都是劣等品，最终会影响到整个物集装器具循环共用系统的良性运行。

三是集装单元化器具租赁企业规模小，信息平台建设滞后。集装单元化器具循环共用，需要在不同企业间频繁流转，而目前我国集装器具租赁企业规模都较小，网络化布局不够全面。同时，循环共用信息平台建设滞后，物流需求企业信息化水平低。部分物流企业还没有信息管理系统，沿用短信、面对面交流等方式组织运输配送，这种管理水平难以满足对托盘循环及车辆动态调度的管理要求。此外，成熟的物流载具循环共用公共信息平台还未出现，很难满足托盘循环区域整体运营的需求。

四是基础设施及配套服务难以满足集装单元化器具循环共用体系需求。租赁中心是集装单元循环共用组织的核心，集装单元循环对租赁中心的位置、数量、布局和服务功能都有较高的要求。目前，租赁中心数量明显不足，布局、规划选址不合理，远离市场，造成器具循环服务供给和市场需求矛盾，服务功能难以满足需要。物流中心普遍存在存放规模偏小、管理的设备设施过于简陋等问题，无法满足器具循环的仓储、检修和商检等一系列服务。

为此，建议如下：

一是加速推动集装单元化器具标准化进程和相关法律法规的制定。政府部门和相关行业协会应尽快制定符合行业需求的水产品物流集装单元（水产品移动货架、托盘等）标准，解决企业使用安全问题和置换问题，统一标准，有利于提高物流操作效率。开展循环共用工程有利于降低企业的购置成本，有利于水产企业将更多的资金用于生产、加工和扩大经营。通过循环共用系统建设，逐步提高全社会标准化物流集装单元的普及率，促进相关配套设施设备的标准化改造，以托盘标准化为切入点，形成带动效应，逐步提高其他集装器具的标准化，促进集装单元化器具循环共用体系的建设。加强与水产品集装单元循环共用重点企业的联系，及时跟踪循环共用系统建设情况，加强调研与分析，制定符合情况的法规。

二是加强集装单元化器具循环共用系统建设研究。鼓励行业协会、科研院所、企业等相关机构联合研究水产品集装单元循环共用领域共性问题，支持和鼓励围绕循环共用系统建设关键技术、设备、标准、模式预先开展研究。加强国际合作与研究，探索形成符合我国国情和行业发展情况的水产品物流集装单元循环共用系统模式。

三是注重行业诚信体系建设。要建设良好的集装单元化器具循环共用系统，参与循环共用的集装器具质量问题不容忽视。对于集装器具的质量认证应尽早提上日程，注重企业的诚信问题，建设企业信用评价体系、企业诚信管理体系等相关标准。将存在欺骗行为的问题企业，纳入企业诚信体系“黑名单”，不予行业或市场准入，严格把控质量，提高集装单元化器具循环共用水平。

四是加大标准化水产品物流基础设施的建设投入。依托重点批发市场、产业集聚区、港口、机场和铁路中心站布局核心物流园区，建设标准化的物流基础设施，包括但不限于标准冷库、月台、分拣区、机房、机械化设备等。同时为满足城市生活与生产需要，在水产业聚集区布局配套物流中心和一定数量的标准化器具租赁、配送和回收企业，解决集装器具循环问题。

关于大力提倡农村产地仓储设施建设中自然冷源利用的建议

2020 年 4 月农业农村部出台《关于加快农产品仓储保鲜冷链设施建设的实施意见》，提出在鲜活农产品主产区、特色农产品优势区和贫困地区为重点的村镇，通过定额补助、先建后补的程序支持一批新型农业经营主体根据实际需求选择建设仓储保鲜冷链设施建设。

调研显示，一般的大型果蔬贮藏库都需要有复杂的制冷设备，造价很高，运行时需要消耗大量电能，因此增加了贮藏成本。随着国家把食品安全提升到国家战略地位，贮、运、销等企业商业性质的大型机械制冷库得到迅速发展，但是产地仓储冷库发展落后，限制了冷链体系的建设，造成了冷链建设的“产地一公里”瓶颈，企业迫切需要低成本节能型的微型冷库。

我国地域辽阔，南北纬度、东西经度跨度大，气候丰富，气温跨度也大，具有丰富的自然冷源，如深层地下水、天然冰、北方地区冬季室外的低温空气等。利用自然冷源来维持冷库的低温条件，只需要若干台风机及控制电子线路，不需要复杂的制冷设备，造价低廉，运行时除了排风通气外，基本上不消耗任何能源。另外，利用自然冷源，就是利用冰水相变吸收和释放潜热的原理，以水为基质，将冬季的冷以冰的形式贮存起来，同时利用其冻结时释放的大量潜热，维持库内果蔬不受冻害；暖季再以这些冰为冷源，维持果蔬贮藏所需的环境。因为储冰室的水始终以固液两相同时存在，自然冷资源贮藏库容易维持在恒定的0℃，变动幅度微小；并且相对湿度接近饱和，大大抑制了生鲜农产品水分散失。因此在农村产地仓储设施建设中大力提倡自然冷源利用，对解决我国生鲜农产品产地贮藏保鲜、节约能源资源意义重大。

为此，建议如下：

一、政府在充分调研的基础上出台相关鼓励扶持政策

在当今的环境问题中，臭氧层破坏和气候变暖是与制冷行业的发展有关系的两大问题。由于在机械制冷中常用的氟利昂类制冷剂不同程度地破坏臭氧层、增强地球温室效应，同时制冷系统的运行主要依靠电力或化工原料的支持，煤、石油、天然气转化成电力时放出CO_2，增强温室效应。而利用自然冷源不需要氟利昂等物质，不会对环境产生不利影响，运行中只需以较少耗电量就能实现果蔬保鲜，提高了资源利用效率，符合资源节约集约高效利用要求。

建议相关部门开展自然冷源应用的可行性论证，如邀请专家学者专题研讨、召开不同类型专题论证会、开展相关软课题研究等，对自然冷源应用的技术性、经济性、安全性等问题形成解决方案，成为行业共同的决策依据。在各方面达成可行性共识基础上，启动推进工作，营造推进氛围，形成上下游推进合力，研究制定相关鼓励扶持政策。

二、分析论证、合理规划可利用自然冷源区域

研究表明，日平均气温低于或高于0℃的日期是评价能否开发利用自

然冷源最为重要的气候指标。我国绝大部分地区冬春季都有 0℃以下的气温出现，且不说东北、内蒙古、西藏等寒冷地区，就连华北、西北等广大地区的冬季气温常常达到 -10℃左右。若以 5 ℃来判定是否适用自然冷源的温度，以 90 d 的日均气温天数来判定适用自然冷源发展利用的区域，我国秦岭—淮河一线北侧和青藏高原地区符合上述判定标准，即日平均气温低于 5 ℃的天数在 90 d 以上。由此可知，我国拥有相当丰富的可以开发利用的自然冷资源。

第一，建议将全国气温气候分布以及全国果蔬产地的分布结合起来，通过探究不同果蔬产地的当地气温气候条件，以及结合果蔬自身的最佳贮藏温度，进行自然冷源可行性的分析，确定可利用自然冷源区域。

第二，科学论证影响因子，提升自然冷资源利用可行性。如需要研究当地每日温湿度变化以及对仓储库内温湿度的影响；在库内外温差附和通风降温时，自然环境风力和风向对库温湿度的影响；等等。

三、运用现代科学技术进行自然冷源制冷技术的改造利用

原始的利用自然冷源进行贮存的方法比较简单，贮藏规模较小，无法严格控制温度，很难解决果蔬的长期贮藏问题，无法满足现代农业生产发展的需要，因此，需要加强技术攻关，就其分布规律、动力转换以及高效利用等方面进一步开展研究。

建议根据不同区域，不同果蔬种类，实行不同的贮藏方式，充分发挥利用自然冷源技术的优势。如发展以自然冷源为主体，以机械制冷为辅助，自然冷源与机械制冷相结合的技术，实施自然冷源与机械制冷相结合的冷库改造工程。改造方案的核心是通过引入自然冷源并添加温湿度控制系统的方式来降低冷库的能耗并提高对果蔬的保鲜能力，同时还包括对库址、围护结构、自控系统及冷库设备方面的选取及安装等内容。在条件允许的

情况下将系统从机械制冷切换至自然冷源制冷以达到节能目标；通过在冷库中安装全自动温度控制柜、加湿控制器及各类阀门和传感器来检测并控制库内的温湿度以达到果蔬保鲜的目标。

我国的华北地区，包括北京市、天津市、河北省、山西省、内蒙古自治区（中部），气候为“暖温带半湿润大陆性气候”，四季分明，光照充足，冬季寒冷干燥且时间较长，但气温远高于东北地区和西北地区，一般只要建立良好的保温体，通过引入室外冷空气并进行一定的加湿，就可以满足蔬菜的贮藏要求。东北地区和西北地区气温偏低，在环境温度较低的时候需要对保温体内空气进行加热与加湿，并结合室外气温的变化引入环境空气就可以满足温湿度要求。

关于我国田头仓储冷链物流建设的建议

田头仓储冷链物流是生产对接市场、工业对接农业、产品成为商品的桥梁纽带。在农产品生产、加工、仓储冷链物流、市场营销四个环节中，田头仓储冷链物流基础最薄弱，许多地方甚至是空白。2020 年中央一号文件要求，启动农产品仓储保鲜冷链物流设施建设工程。农业农村部为此专门印发了实施意见，做出了全面部署。2021 年中央一号文件再次提出要加快实施农产品仓储保鲜冷链物流设施建设工程，推进田头小型仓储保鲜冷链设施，打造 50 个全国田头仓储冷链试点。

做好田头仓储冷链物流这项现代农业发展的重大牵引性工程，是推动农业高质量发展和乡村振兴的重点内容，更是适应人民群众美好生活需要和消费升级的重要举措。笔者作为农业农村部和山东省农业农村厅农产品仓储保鲜冷链设施建设咨询专家组成员、副组长，自 2020 年以来对湖南、湖北、四川、广西和山东等省区农产品仓储保鲜冷链设施建设情况进行了充分调研后，发现目前存在以下几个主要问题：

一是用地受限问题。目前农产品仓储保鲜冷链设施建设用地类型主要为建设用地指标和设施农业用地指标，有城镇建设用地、集体建设用地、设施农业用地，还有临时用地和林地。因地方发展需要和建设用地指标紧缺，一般建设用地指标优先向高端服务业和工业倾斜，一般农业项目很难争取到用地指标。设施农业用地备案手续烦琐，因缺少相关土地证明材料等原因，备案审批难度较大。此外，对于农产品仓储保鲜设施用地是否列入设施农业用地，一般县级自然资源和规划部门不予明确答复或不做解释，导致部分建设主体存在顾虑，不敢开工建设。

二是资金不足问题。农业农村部对各省市农产品仓储保鲜冷链物流设施建设工程项目补助采取“双限”，适当支持的原则。一方面，限定补贴比例上限，其中新建项目补贴比例不超过仓储保鲜冷链设施造价的30%，改扩建项目补贴比例不超过仓储保鲜冷链设施造价的25%；另一方面，实行定额补贴并限定上限，单个实施主体补贴不超过100万元，实施主体按建设设施类型、投资规模和建设规模选择申报补助金额，采取“先建后补、以奖代补”的方式。由于建设主体必须是新型农业经营主体，而这些家庭农场或农民合作社由于自身经济实力或筹资能力有限，目前国家补贴比例不足以调动其建设积极性，因而导致放弃建设或缩小建设规模等情况。

三是专业知识缺乏问题。田间仓储保鲜冷链物流建设的实施主体在农村，且有一定专业技术门槛，而农村的人才和技术支撑薄弱，建设和经营困难和风险很大。调研发现，由于农产品仓储保鲜冷链物流设施对于合作社和家庭农场来说是个新事物，人们缺乏相关知识，大部分主体对于如何选择承建方、如何选配设备、如何选用保温材料、如何确定是否合格等都没有经验。一些建设主体的仓储冷库建设不规范、没有做地面保温、没有建对接运输车辆的月台、有些建了用不上的气调库等。由此造成无法对供应商提供的建设方案进行有效的评估及验收。另外，冷库运行和经营管理更是一个技术工作，入库方式，冷藏温度、运行风险等一系列工作对农户来说都是陌生的，加强培训必不可少。

针对上述主要问题，建议如下：

一是落实用地政策。建议农业农村部门协同发展改革委员会、自然资源等部门落实保鲜仓储设施用电用地扶持政策，对需要集中建设仓储保鲜冷链设施的田头市场，优先协调安排建设用地指标。落实自然资源部农业农村部《关于设施农业用地管理有关问题的通知》要求，确保设施农业用地政策落地，将设施农业项目范围内与农业生产直接关联的分拣包装、保鲜存储等设施用地纳入农用地管理，切实用地需求；优先保障符合规划、集中建设的仓储保鲜冷链设施的建设用地；探索通过租用、入股等方式将农村集体建设用地用于农产品仓储保鲜冷链设施建设的方法。

另外，应倡导因地制宜发展移动式田头仓储冷链物流设施，这种移动式设施能够实现便捷移动使用，不受当前土地使用政策限制，可拆卸、造价低，也适应于乡村田间道路。

二是加大金融支持力度。引导银行、信贷担保等金融机构开发专用信贷产品，为农产品仓储保鲜冷链设施提供优惠贷款、担保等政策，充分调动新型农业经营主体建设积极性，放大中央补贴政策效应。如山东省农业农村厅对接省农担公司，为实施主体减负、为工程建设赋能，创设了“仓储保鲜冷链设施贷”。湖北省农业农村厅为推动农产品仓储保鲜冷链建设项目落地，与邮储银行湖北省分行和湖北省农业信贷担保有限公司密切合作，配套实施 “冷链贷”金融产品，推出“冷链仓储建设贷”。此外，广东省农业农村厅利用中国太平洋财产保险股份有限公司广东分公司在发挥农业保险领域方面的优势，探索完善“田头小站”农业金融保险对接功能，助推产地冷链物流基础设施建设，全方位保障产地农产品共同配送体系。

三是争取地方政府专项债投入。建议农业农村部门加强与发改委、财政部等部门沟通，按照“资金跟着项目走”的原则，充分利用好地方政府专项债政策工具，创新农产品仓储保鲜冷链设施地方政府专项债的投入方式，统筹用好专项债与中央补助资金。如济南市在落实中央财政补贴资金的基础上，按照单个主体农产品仓储保鲜冷链设施设备不超过总投资的10%、总补贴额不超过30万元的标准给予叠加补贴，预计地方配套补助资金约1500万元。

四是加强仓储保鲜设施建设、运营技术指导和培训工作。建议加强仓储保鲜设施建设、运营技术指导和培训。一是紧密结合产业实际，制订标准高、接地气、可操作、适合不同农产品和季节特点的本地化技术方案和操作规程，提升兼容性与衔接性。二是强化仓储保鲜设施与农产品应急物流的衔接，保障农产品仓储保鲜设施防疫和应急保供能力。三是充分发挥高等院校、行业协会的专业优势和桥梁纽带作用，开展培训、咨询、营销、品牌培育等服务，提升设施运营及主体管理能力。

关于补齐食品冷链物流消杀短板的建议

低温潮湿的环境能够延长病毒在无宿主情况下的存活时间，使病毒保持感染活性，因此冷链流通已经成为病毒传播的重要途径，成为“生物安全”防范的重点领域。消杀防控在冷链防疫工作中起到至关重要的作用，可有效阻止病毒的入侵。但调研发现，冷链物流中消毒杀菌防控仍存在一些问题：

一是消杀环节导致物流成本加重。现阶段消毒杀菌环节所产生的成本大部分由企业自行承担，涉及进口业务或在口岸进行业务布局的企业的运营成本加重的问题更为严重。随着疫情防控常态化，冷链消杀要求日趋严格，部分企业因消杀操作能力有限、运营成本增加等问题，出现业务收缩、经营风险加大等现象，消毒杀菌环节成本存在向上下游转移的风险。

二是缺乏消杀标准化体系。目前冷链消杀操作尚无官方标准规范，针对不同冷链消杀环节、消杀操作规范、消毒试剂、消杀方式、验收标准等均缺乏明确标准要求。由于标准不明、各地执行情况不一，易导致重复消杀。同时行业内针对相关操作过程的标准培训，以及第三方消毒团队的官方认证目前仍较为缺乏。部分冷链产品若实行全部消毒，操作难度较大。

三是冷链消杀一定程度影响流通效率。增加消杀环节导致作业时间延长，以及受到作业人员数量、消杀设施设备、场地空间等限制，消杀时常需要排队进行，影响冷链作业效率。以深圳海关进口葡萄酒为例：以前报关只需 1 天，现在必须在港口内停留 14 天。不同地区消杀结果不互认致使重复消杀，降低流通时效性。目前消杀操作以人工作业为主，操作人员面临健康风险。

四是消杀操作不当易导致食品安全及货损风险。对于冷链物品的消毒，不仅要考虑到物体表面全方位的消毒效果、人员的健康安全、环保要求等，还要兼顾出入库运行效率问题。目前多数货品以纸质包装为主，主要采用过氧化氢、四级铵盐、酚类物质、二氧化氯、次氯酸和过氧乙酸等化学药剂来消毒。以喷洒消毒液为主的接触式消毒方式，容易导致包装破损、渗透污染等情况，从而增加食品安全风险。此外，由于这类消毒剂具有腐蚀性、易燃易爆、刺激性和易挥发等特性，其规范用量和稀释程度等缺乏统一标准，易对物流设施设备产生氧化腐蚀。紫外线、臭氧、等离子体消毒技术装备是一种非接触式消毒方式，更多是针对场所内空气消毒，对于物品表面的消毒效果还有待验证。

冷链产品已经成了日常生活当中不可或缺的组成部分，通过消毒消杀的方式保证冷链食品质量，对于消费者和经营者来说都至关重要。因此，建议补齐食品冷链物流消杀短板，为消费者提供更安全的产品。对于冷链消杀防控的未来，提出如下建议：

一是加强政策性的支持与引导。建议政府层面制定相关政策降低冷链物流企业在消杀环节增加的成本，减轻运营压力，如针对部分成本予以奖补。建立并完善针对消杀操作业务员的培训机制，保证作业人员操作规范，同时对相关人员、机械、设备等的损害进行梳理，制定相应的防护措施并提供支持。

二是完善冷链物流消杀相关标准。建议在广泛调研的基础上，制定完善的冷链物流消杀系列标准，包含细节操作标准和各种耗材标准的制定，统一认证的标准体系、分级式的标准体系的设立等。其中，整体标准体系需要考虑实际落地实操的可行性，并且覆盖各类环节，不只涵盖常规操作过程，还应针对出现的异常和紧急情况，制订处置方案。由于冷链环节的复杂及种类的包罗万象，不能以一刀切的方式统一对待，需要对不同货物的来源及流向分级管理，制定不同的消杀标准。

三是提高冷链物流消杀技术应用水平。目前冷链消杀大多采用人工作业，需要投入更多人力资源成本，也带来了环境污染和病毒传播风险，建议推动技术方面的改革，如积极引进全方位全自动冷链消杀技术装备，解决传统人工消毒效率低下、效果欠佳等问题，有效提高疫情防控时期冷链物品流通效率。同时对消毒杀菌技术进行分类、梳理和推荐，对消毒剂技术的标准进行官方认证。

四是搭建完善的冷链物流可追溯平台。目前北京、郑州以及一些其他城市的追溯线上 App 平台已经开始运营，逐渐向实现真正的全链条监控转变。因此建议充分利用大数据、云计算、物联网等现代信息技术，以区域为中心，逐渐搭建覆盖全国的冷链物流可追溯平台。此外，选用或研发的消毒装置设备设施，应具备消毒业务追溯、消毒数据统计和消毒过程监管等功能，可实现消毒设备设施定位信息、工作状态上报和实时远程的管理和监控等。

关于“碳中和”背景下我国冷链物流低碳发展的建议

在“碳中和”背景下，各行业特别是能源、交通运输、工业制造、建筑等行业将面临更强的碳排放约束。冷链物流作为冷源、交通运输与建筑行业的交叉领域，其产业链的多个环节都将面临低碳转型压力，应在“十四五”期间加快对冷链产业的低碳布局。通过技术研究和实地调研，我们认为冷链物流主要减排潜力在以下环节：

一是冷链存储环节的损耗。冷链存储环节的碳排放主要来自冷库能耗。文献表明，我国冷藏库年均能耗水平约为 131kWh/m^3，是日本、英国等发达国家的 2—3 倍。冷库能耗主要集中在制冷系统，占总能耗的 60%—70%。调研发现，不同类型和设计的冷库能效水平差异较大，影响冷库能耗的主要因素有冷库温区设定、冷库维护结构、冷库规模及结构、系统形式及运行管理和气候等。冷藏库规划较好的年均能耗水平在 14—36 kWh/m^3，一些特殊功能、特别设计的冷库年均能耗甚至可以在 4—6 kWh/m^3。

二是冷链运输环节的能源动力和能耗。冷链运输环节中的碳排放主要来自公路货运，就是冷藏车在公路干线运输和城市配送中的行驶和制冷能耗。据统计，公路运输货运量占我国冷链物流领域总货运量近 90%，且随着人均 GDP 增长，冷链运输货物周转量会持续增长。柴油是高碳排放的化石燃料，也是现阶段冷链运输车的主要动力来源。据中物联冷链委统计，2019 年新增的冷链车中柴油车占到了总量的 90%。另外，从能效提升角度，冷藏车结构（隔热材料、传动系统）、冷藏车制冷系统（机械制冷等模式）、气候等因素都会影响冷藏车的能效表现。

三是制冷剂的选择。到目前为止，我国冷链物流几乎全部采用蒸汽压缩制冷技术，其他非蒸汽压缩制冷技术，如气体膨胀、热电、涡流管等由于效率偏低、造价较高、运行费用高、相关产业链配套不齐等原因，很难在该行业大范围推广。对于蒸汽压缩制冷，制冷剂是物质基础，无论是天然还是人工合成制冷剂，绝大多数都是危险化学品，面临各种安全问题，如毒性、燃烧性、窒息性等，同时人工合成制冷剂还面临环保问题，主要表现在破坏臭氧层和引起强温室效应两方面。在我国，氟利昂制冷剂对冷链仓储和运输的碳排放亦有重要影响。相比氨、二氧化碳等自然工质制冷剂，冷库常用的各类氟利昂制冷剂的全球变暖潜值 (GWP) 是二氧化碳的成百上千倍，严重助推全球温室效应。制冷剂在生产、安装、运行、维护和回收等环节都会有一定程度泄漏，这将直接导致温室气体排放到大气中。

四是农产品的腐损率。冷链断链会使农产品腐损率上升，而农产品腐损过程会产生大量温室气体。以香蕉全程冷链物流为例，通过碳足迹实证分析表明，随着产品腐损率的下降，冷链物流系统总碳足迹和总成本均呈下降趋势。

为此，建议如下：

一是加强工作联动，落实依法执政，形成科学有效落实“低碳”发展政策的管理模式。建议安监、规划、环保、住建等部门加强工作联动，明确监管标准，依据国家安全监管总局《冷库设计标准》《冷库管理规范》《制冷剂编号方法和安全性分类》《室外装配冷库设计规范》《气调冷藏库设计冷库》《氨制冷企业安全规范》《关于生产和使用消耗臭氧层物质建设项目管理有关工作的通知》等相关标准，对制冷企业从规划、设计、建设、验收、运行、改扩建到维护等环节的安全、环保、节能等方面，规范执法行为、统一执法尺度，杜绝重复、随意、过度执法检查，加重企业负担，影响正常经营。如部分安监部门对涉氨制冷企业的“一刀切”式治理，在解决安全问题的同时制造了新的环保问题，增加发展成本。消防部门对冷藏冷冻设施保温材料防火要求过于严苛，现有生产技术很难达到，导致弄虚作假泛滥，底线更难坚守，反而背离了政策的初衷。

二是推动新设施、新技术和新材料加快落地，实现产业链绿色低碳排放。冷库是冷链的核心资产，冷库的合理设计，可引导企业加快建设绿色高效制冷冷库或对既有冷库的节能改造，有效提效降排，降低企业自身运营能耗费用。推动氢能源、光伏、LNG、地热等新能源在仓储、蓄冷、运输、配送载具、包装等新技术装备集成应用，逐步推进混合动力冷链车、新能源冷链车的应用和充电基础设施的配套，提倡无氟环保型聚氨酯保温板等环保材料和压缩 / 喷射制冷系统的应用，加大对冷链智能化温控系统、田间地头移动仓库、速冻设备的投入，实现减排、降本和提质的多赢目标。

三是发挥冷链物流各级协会作用，完善绿色低碳冷链物流标准化体系建设。冷链物流是一个系统工程，需要完善的标准化体系，一方面规范物流活动的各个环节，引导企业减少不规范操作带来的能源资源消耗和环境污染；另一方面促进物流各环节的设施设备匹配共享和循环利用，提高物流业务整体效率，进而降本增效、绿色发展。我国冷链物流各级协会应作为政府、研究院所、企业之间的沟通桥梁，承担推动冷链物流行业标准化发展的重要使命，完善我国绿色冷链物流标准体系，根据冷链物流行业客观需要逐步完善绿色物流相关标准制（修）定。抓紧编制企业绿色物流评估指标、物流企业温室气体排放核算方法等行业标准，依托标准，开展物流企业温室气体排放核算，并通过碳减排认证，将温室气体减排量转化为碳资产。

四是尽快出台绿色金融激励政策。绿色金融可为支持环境改善、应对气候变化和资源节约高效利用的经济活动提供金融服务，是金融机构助力实体经济碳中和目标实现的重要举措。绿色金融不仅可助力冷链物流低碳转型，还能实现资先行，引导行业低碳发展。现阶段，绿色金融和冷链物流均处于政策窗口期，为两者的结合提供了更多的政府资源支持。可通过对上游绿色制冷设备生产者提供绿色资金支持，推动技术进步和成本下降，从而降低冷链物流企业对环保制冷设备的投资门槛。细化激励政策细则，为金融机构、担保机构提供奖励、贴息补贴、税收优惠、风险补偿等，推动多个参与方加大对绿色金融的投入。

关于水产品运输过程中规范使用麻醉剂的建议

《2021中国渔业统计年鉴》统计显示，我国2020年水产品总产量达6549.02万吨，人均占有量46.39千克，水产行业持续蓬勃发展。为了满足人们的消费需求，水产品长途运输在所难免。渔用麻醉剂因具有镇静作用，可以有效降低水产品在运输过程中因应激反应等导致的受伤或死亡率，被越来越多地应用于活鱼运输中。麻醉剂是化学药剂，在渔业上使用必须严格谨慎，否则容易引起严重的食品安全问题。目前，麻醉剂在水产品运输过程中的使用还存在诸多问题，主要表现在：

一是存渔用麻醉剂使用不规范。目前，麻醉剂被广泛应用在水产领域，诸多劣质麻醉剂也混入了水产市场。调研表明，在流通环节中，水产品合格率明显低于产地检测的合格率，个别水产品可能存在使用违禁物质或非食用添加物现象。

二是我国缺少允许使用的渔用麻醉剂产品目录和使用标准，相关法律法规有待完善和健全。近年来，渔用麻醉剂种类和应用规模剧增。目前使用的渔用麻醉剂主要有MS-222、丁香酚类化合物等近30种，但国内麻醉剂的管理还处于模糊地带，既没有规定何种麻醉剂可以在鱼类产品上使用，也没有明确其使用标准。

三是我国对麻醉药物在鱼体内的作用药理、代谢途径的研究比较少，许多问题如肌肉内药物残留量、安全范围、毒性及其对人体的危害等还没有科学可信的评判依据。根据国家的相关法规，经麻醉剂麻醉的鱼在上市前要经过一段休药期进行净化，以确保最终麻醉剂残留浓度低于最大残留浓度，而净化时间的长短，则取决于药物类型、剂量多少、作用物种和用药途径。不同国家对麻醉剂的休药期及最大残留量限量标准不同。我国对鱼体内麻醉剂残留动态及消除规律的研究较少，对于麻醉剂的安全性研究只限于小鼠体内，并未对鱼体自身和人体加以研究，而鱼体内麻醉剂的代谢产物研究基本属于空白区。

为规范和引导渔用麻醉剂使用，确保“舌尖安全”，建议如下：

第一，抓紧研发实用型渔用麻醉剂检测设备。我国现有的渔用麻醉剂检测方法以仪器分析为主，受设备、专业人员、样品前处理技术等限制，应用范围有限。建议国家农产品现代物流工程技术研究中心、中国科学院海洋研究所等科研院所与山东省海洋集团有限公司、北京伟创英图科技有限公司等企业合作研发便携式现场快速检测设备，开发简单、快速、准确、灵敏的可以同时检测多种麻醉剂的检测方法，通过加强检测，规范和引导人们正确使用麻醉剂。

第二，开展系统调研，完善渔用麻醉剂使用标准、管理规范等政策法规。建议国家市场监管总局等部门开展市售水产品渔用麻醉剂残留风险监测，积累市售水产品及其水体中各类麻醉剂残留的检测数据，找出可能存在的风险因子，进行风险防控机制，评估其作为渔用麻醉剂的安全性。在此基础上，制定渔用麻醉剂使用指导规范性文件，规定水产品中麻醉剂残留的限量标准。

第三，加大研发天然来源或高效、低残留或无残留的渔用麻醉剂力度。应着重关注诱导期短、麻醉时间长、肌肉残留量小、安全范围大、价格低的新型麻醉剂。如从传统的祖国医药学中寻求启发，开发植物源麻醉产品，《本草纲目》中就对醉鱼草的麻醉功效有翔实介绍。建议科研院所加大天然麻醉产品的研发力度，开展急性毒理和发育毒理学等安全性评价试验，获得使用剂量及推荐使用方法。

关于重视农产品采后预冷的建议

农产品流通“最初一公里”指的是收获后的产品在运输上市、贮藏或加工以前，进行简单修整、清洗、分拣、预冷、药物处理、打蜡、包装等处理。对于大多数果蔬而言，采后预冷是创造果蔬适宜保鲜温度范围的第一步，即尽可能早地迅速去除田间热，及时将果蔬的中心温度冷却到接近于其适宜贮藏的温度。预冷可以减少果蔬腐烂，保持其采前的新鲜度和品质，还可以减轻冷藏库和运输设备的制冷负荷，已经成为冷藏链中不可或缺的一环。

虽然我国果蔬产量位居世界第一，但是采后预冷环节普遍缺失，大量缺乏产地专业化预冷设备设施，大约80%的果蔬是未经预冷而在高温或常温状态下流通的，导致果蔬采后流通损失严重，目前水果流通腐烂率为11%左右，蔬菜流通腐烂率为20%以上。而欧洲、美国、加拿大、日本、澳大利亚等发达国家或地区在果蔬产地采后大多采用以压差预冷和真空预冷设备为主的预冷方式进行预冷，在一定程度上降低了果蔬流通腐损率。例如，早在20世纪70年代预冷蔬菜就已经在日本市场上大量出现，而且当前日本超市销售的蔬菜95%以上都经过预冷。

目前我国果蔬预冷行业发展存在的问题主要有：

一是我国产地专业化预冷装备与设施严重不足。预冷通常需要独立进行操作，并需要专业预冷设备。在占比 20% 的预冷果蔬中，大部分的预冷是采用普通冷藏库完成的，没有实现真正意义上的预冷。冷却效率低，速度慢，效果差，能耗高，无法达到果蔬预冷工艺的要求，严重影响了果蔬在流通中的品质。比如海南省果蔬预冷基本都是氨制冷系统冷库预冷，设备陈旧老化，许多冷库还是国内 20 世纪七八十年代的水平。而且大多数冷库是专门设计用来贮藏果蔬商品的，冷库的制冷量和空气流速均不足以快速预冷果蔬。

另外，由于预冷装备数量远远不能满足需求，存在同一间冷库内预冷和冷藏功能并用的情况。例如，海南省蔬菜预冷和冷藏周转率平均为 9 天，由于预冷周转率低，前面预冷的蔬菜还没有及时出库运销，后面急需预冷的蔬菜又进入冷库预冷，从而导致预冷过的低温蔬菜和刚采收的高温蔬菜冷热交换，造成已预冷过的蔬菜重新升温。像欧洲、美国、日本等发达地区和国家的蔬菜基本是夏季当天采收，当天分级、包装、预冷，预冷后直接用冷藏车运输上市销售，冷库只是冷藏暂存，这样就很好地保证了蔬菜品质。

二是缺乏科学合理的产地预冷统一规划布局。果蔬产地预冷体系建设是一项涉及果蔬生物学、制冷技术、工程热物理、自动控制等跨学科、技术复杂的系统工程，尤其是面对我国果蔬产量巨大、品种繁多、预冷率很低的具体情况，亟须有一个全国统一的科学合理的产业预冷规划布局。为贯彻落实党中央关于实施城乡冷链物流设施建设等补短板工程的部署要求，农业农村部于 2020 年开始决定实施“农产品仓储保鲜冷链物流设施建设工程”，但《农业农村部关于加快农产品仓储保鲜冷链设施建设的实施意见》（农市发〔2020〕2 号）规定的建设内容只涉及通风库、冷藏库、气调库等。2021 年农业农村部办公厅、财政部办公厅《关于全面推进农产品产地冷藏保鲜设施建设的通知》（农办市〔2021〕7号）增加了“根据产品特性、市场发展和储运加工的实际需要，规模较大的设施，可配套建设强制通风预冷、差压预冷或真空预冷等预冷库或预冷设施”等建设内容。但从实际执行情况看，相关主体积极性并不够，建设内容主要集中在通风贮藏库和机械冷库或气调贮藏库，还需要政府持续加强实施预冷设施设备建设落地的具体法规和政策制定工作。

三是设备使用的能耗大、成本高。首先，目前的果蔬预冷多采用冷库预冷，能耗高，运行成本高，不利于市场竞争和我国节约型社会的发展。其次，预冷设备末期由于冷却介质温度和被冷却产品之间温差已经很小，继续大功率运行对于预冷效果改善不大，而且大大增加了能耗，然而现有的预冷设备大都是定频，还不能很好地解决此问题。最后，专门的预冷设备的设计对于气流组织、温度控制、多温区、变频技术的适应程度不够，使得果蔬预冷设备在能源方面表现较差。

针对上述现状，提出如下建议：

第一，继续完善现有预冷技术，研发预冷新产品。不同果蔬预冷技术，受预冷方式、预冷速率、包装以及堆垛方式等配套工艺的影响明显。国内虽然已经有部分针对果蔬预冷工艺方面的研究，但是仍然缺乏预冷机理及预冷工艺等方面的系统性研究。例如真空预冷技术，虽然我国已有一定的研究基础，能够自主设计并制造真空预冷装备，但是仍然有一些难题需要攻克。在应用方面，对于不同种类的果蔬，预冷目标温度不同，蒸发特性要求也不同，选择最佳的蒸发压力、真空持续时间和预冷目标温度是合理使用真空预冷技术的关键。在技术研究方面，果蔬内部的传热传质规律是实现真空预冷装备自动控制的基础。我们需要对温度、水分等随时间的变化进行深入研究。

在新产品研发方面，如针对产地基础设施建设用地审批难，以及配套设施设备配套滞后、电压电容不够等问题，应着力研发新型预冷系列装备，使用清洁电能充冷储存，实现零能耗、零碳排放。在设备形态上，应侧重研发可移动、可拆卸设备，不受当前土地使用政策限制，免去了基建报批的烦琐程序。

第二，加强果蔬产地预冷标准化建设，开展预冷设备设施认证评定工作。产地预冷的标准化建设刚刚起步，到目前为止，只有2012年由商务部发布的《果蔬真空预冷机》和2019年由中华全国供销总社发布的《果蔬风冷预冷设备》两项行业标准，其他果蔬专业化预冷装备和操作规程都还是空白。现有的相关政策标准无法满足果蔬产地预冷的市场化要求。建议国家冷链物流主管部委、中国物流与采购联合会冷链物流专业委员会等行业协会开展广泛的针对冷链物流装备和设施的调查研究，制定冷链物流装备和设施的能效评价标准，制定配套的鼓励和优惠政策，充分发挥相关管理机构和有关技术委员会的监督和信息反馈作用。通过能耗、安全、排放、自动化程度、控温精度、温度可追溯等指标对冷链装备和设施进行检测、认证和评级，淘汰等级指标过低的装备，对已有的装备和设施进行升级改造，对符合高效、环保、精准的装备和设施进行政策性奖励和资金支持，作为示范应用推广，以引导全行业切实重视和提升我国产地预冷技术水平和冷链物流整体水平。

第三，发挥新型经营主体或龙头企业作用，实现分散的农户预冷向适度规模化集中预冷经营转变。产地加工和预冷工作大多数由农户完成，缺乏统一组织、统一服务标准，专业化水平低，难以形成规模效应。园区、龙头企业、合作社等是把农民组织起来的有效载体，可以让零星化、碎片化的经营实现规模化、标准化和专业化。充分发挥新型经营主体或龙头企业的带头引领作用，实现分散的农户预冷向适度规模化集中预冷经营转变。规模化经营主体通过在预冷技术设备购置、租赁等把果农联系和带动起来，形成“种植＋预冷＋贮藏＋销售”的一条龙服务体系，促进生产者实现效益的最大化。

推动甘薯产业规模化发展，助力乡村产业振兴

山东是甘薯种植大省，早在20世纪六七十年代，甘薯一度成为“保命粮”，在解决温饱方面发挥了巨大的作用。近年来，随着甘薯种植技术的不断提高，品种的不断更新，甘薯产量逐年增加，种植效益逐年提高，成为山区农民脱贫致富的重要途径。尤其是“十三五”以来，随着种植业结构调整的步伐加快，政府积极压缩玉米种植面积，引导农民种植高效特色经济作物，许多地区将甘薯产业发展与扶贫推进融合起来。在政府的引导下，农民纷纷成立合作社，抱团闯市场，积极打造品牌，拓宽销售渠道，产品远销省内外，甚至国外，农民收入逐年增加，昔日的“保命粮”变成了今天的“金钥匙”，甘薯产业成了撬动农村经济发展的新杠杆。

笔者对山东省鲁南地区、威海和烟台等三大甘薯种植区的相关企业和合作社进行调研后发现，山东省已经具有了一些甘薯产业发展的好经验和先进典型。如泗水县委、县政府为支持甘薯产业发展，出台了《泗水县支持甘薯产业集群建设的若干措施》，与国家甘薯产业技术体系签订《战略合作协议书》，共建“国家甘薯产业技术研发基地”，目前正全力打造全国品类最全的健康种苗繁育基地、全国最有影响力的全产业链产品加工集

散基地、国际甘薯科技要素集聚高地、乡村振兴甘薯产业“齐鲁样板”。但是从整体发展水平来看，山东省甘薯产业发展还存在一些如下问题：

一是甘薯种苗繁育体系有待完善。目前甘薯种苗繁育体系尚不健全，良种推广工作缺乏统筹组织，大型甘薯种苗供应企业不足，种苗繁育方式多以种植户自繁自育自用为主，种苗易产生病毒病。种薯种苗供应不足，来源混杂，市场混乱，新品种推广应用慢、效率低。盲目、长途调运种薯种苗导致病虫害危害风险增加，容易导致甘薯病毒病的传播，成为甘薯生产的制约因素，给甘薯产业持续发展带来隐患。

二是机械化程度低，种植成本较高。甘薯主要分布在干旱的丘陵山地，地块零散，产业机械化程度低。生产的栽插、田间管理、收获等环节以人工操作为主，劳动强度大，劳动力成本较高，每亩种植成本超过 1500 亩（不含地租），劳动力成本占 45% 左右，高于肥料和种薯种苗成本之和，利润空间下降。随着劳动力的转移，农村劳动力已经严重缺乏，再加上缺少甘薯生产上急需的轻便配套机械，以及农机农艺结合的高效轻简化实用技术，部分作业环节尚不能使用农机，机械收获作业质量和效率不高、覆盖率有待提升。甘薯生产机械化程度明显低于其他作物，这成为甘薯产业发展的重要限制因素。

三是产业发展中松散的市场联结方式占主导地位，“企业 + 合作社 + 农户”相互支撑利益联结机制有待完善。部分合作社等新型农业经营主体实力有限，且覆盖面相对较小，种植户参与程度不高。从各地采取的模式来看，大多直接为种植户提供种苗及技术，但后续的商品销售较为落后。松散的市场联结方式在甘薯产业中仍占主导地位，企业根据市场行情随机收购甘薯，双方不预先签订合同，自由买卖，价格随行就市。同时由于合作社土地流转后，种植户只能获得较低租金收入或作为土地流转方优先享有务工权利，获得相对固定的劳务收入。种植户在销售市场中处于被动地位以及产业链条的最底端，缺乏话语权和议价权。目前，山东缺乏“企业

+合作社+农户”相互支撑利益联结的机制，企业和农户之间的利益共享少、风险共担少、抵御市场风险能力低。

四是小规模加工生产存在环境污染隐患。山东省甘薯中小型企业居多，对产业发展拉动不足。绝大多数鲜薯销售利润偏低，很多小规模甘薯加工作坊加工的成品主要为淀粉及其衍生品，附加值较低。加工群体零散，未形成优势产品、自主品牌，销售流通环节不畅，尚未形成产业优势。甘薯加工后副产物综合利用程度偏低，加工过程中的甘薯蛋白质资源作为废物、废水直接排放，不仅造成经济损失，更带来了水体、空气等污染问题。由于甘薯淀粉加工缺乏清洁化加工技术的创新利用，甘薯制品加工污染治理设备投入较高，治理收益回报周期长，导致小规模甘薯制品加工者和小家庭作坊淀粉加工者无力关注环境污染问题。

针对上述存在的种种问题，我们认为要发展甘薯产业，仅靠农民个体的力量远远不够，必须通过培育壮大龙头企业、新型农业主体等有效载体，把普通农户组织起来让零星化、碎片化的经营实现规模化、标准化和专业化。在推进一、二、三产融合发展过程中，聚力建设以规模化种植基地为依托、产业化龙头企业带动和现代生产要素聚集的现代甘薯产业集群，从而促进甘薯产业各要素的相互融合和全产业链发展。

第一，完善育苗体系，推广甘薯产业技术创新。围绕甘薯鲜食主导产业化发展，加强以鲜食品种选育与遗传改良为核心的关键技术研究、栽培模式与技术研究、健康优质良种薯苗繁育体系研究。坚持市场导向，进一步加强鲜食型品种的优质化改良与创新，满足人们对甘薯鲜食品种多样化需求；加强不同季节甘薯标准化栽培模式和技术研究，重视研究适合市场需求的薯形、大小栽培调控技术。重点培育鲜食型、优质高淀粉等市场急需的专用型甘薯品种。提高选育甘薯品种的效率和质量，为甘薯产业振兴提供品牌支撑。

甘薯脱毒化是当前国内竞相发展的一项重大技术改革，建设甘薯脱毒培养及快繁中心，完善“种薯种苗企业＋专业合作社＋生产基地”的良种繁育模式，推广脱毒甘薯种薯种苗，研究更加高效的脱毒快速繁育技术，规范脱毒种薯种苗市场，建成规范的甘薯种薯质量检测检验为中心的种薯质量控制体系，开发快速甘薯病毒检测技术，帮助当地企业开展甘薯脱毒工作，促进脱毒甘薯的大面积推广，帮助促进甘薯产业的品质发展。

第二，充分发挥合作社示范带头作用，实现经营模式规模化、标准化、专业化。农民，尤其是小农户要走向现代化，仅靠某个体的力量远远不够，必须把他们组织起来。在项目动员、土地流转中要充分发挥农村基层党组织的领导核心作用。农村基层党组织要多方面促进合作社、种植大户和家庭农场等各类规模化经营主体的发展，进一步探索适应于当地生产者需求特点的规模化经营主体，有效提高甘薯规模化经营主体的示范和带动能力。农村基层党组织把行政服务和技术服务密切结合起来，在项目动员、土地流转中要充分发挥领导核心作用，带领村民共同发展甘薯产业，实现“一村一品”，创建地方特色品牌。

另外，要充分发挥新型经营主体或龙头企业的带头引领作用。与传统分散经营的小农户相比，新型农业主体或企业经营规模化、产业化水平更高，对新品种、新技术学习意愿、应用推广意愿更强，更加有利于新品种、新技术的推广应用。甘薯生产从分散向适度规模化经营转变，有利于新品种、新技术和机械化的应用，也有利于标准化生产，提高市场竞争力。规模化经营主体通过在优质种苗供给、先进生产技术示范和推广、销售促进和产后贮藏技术提升等环节，把薯农联系和带动起来，形成“育苗＋种植＋贮藏＋销售”的一条龙服务体系，助力生产者实现效益的最大化。通过“专业合作社＋示范基地＋农户”的模式，充分发挥合作社示范带头作用，引进新品种、新技术、新资材，再与甘薯种植农户签订订单协议，引领农户进行生产、加工和市场销售，并引导散户、小农户向规模化、专业化生产过渡，以实现甘薯产业带动农户增收的效应。

第三，积极营造良好的营商环境，培育投资土壤。积极引进诚信守法、市场开拓能力强、加工技术先进，具有集团化规模的龙头企业，创造良好的投资环境，吸引各方资金投入甘薯加工产业的发展，形成具有竞争力的产业体系。加大对甘薯企业、合作社、家庭农场的用地指标、信贷金融和财政资金等政策扶持；积极引进农业保险，鼓励甘薯种植农户参加农业保险，确保市场稳定均衡供给，有效抗衡自然风险和市场风险，确保灾害发生以后的赔付及时足额，让农业保险真正起到稳定器的作用。

第四，强化甘薯产业污染治理。环保部门应全力推动甘薯加工企业建设污水处理设施，严厉查处环境违法行为，禁止未建成污水处理设施的甘薯加工企业开工生产，要求所有甘薯加工生产企业内建设污水处理系统，增加政府投入建设甘薯产业园污水处理体系，使之实现健康绿色生产、健康产业绿色发展的目标。

明确农产品批发市场公益属性，加快系统性升级改造

当前，各级批发市场是我国农产品流通体系的主要枢纽，农产品经由率在70%以上。从发达国家经验看，虽然随着新模式、新业态的发展，批发市场经由率会下降，如美国目前在20%左右，欧洲不到50%，但与我国更相似的日本，蔬菜批发市场经由率约70%以上，水产品也在50%以上。当市场上存在大量小农户跟大市场对接时，农产品批发市场的大集、大散等功能不可或缺，未来农产品批发市场在我国农产品流通中的主渠道作用将会持续发挥。然而，我国农产品批发市场当前存在以下问题。

一是农产品流通环节多，流通效率低。全国农产品电商交易等新型流通模式增长速度加快，农产品流通多元化格局逐渐显现。然而，产地直销、农超对接与电商模式下的农产品流通量仍不足总量的30%，绝大多数农产品流通还是要经过以传统批发市场为中心的农产品流通渠道。传统批发市场模式需要经过小农户、农民经纪人、二级或三级批发商（或物流企业）、零售商等多个流通主体。流通环节过多，导致农产品的流通成本增加、质量下降、信息传递受阻，制约了我国农产品流通发展。随着信息技术的快速推广应用和农业规模化经营的深入推进，传统农产品批发市场无法满足

实际流通环节运作的需求，亟须加强其现代化、智慧化、标准化和数字化建设，加快其转型升级。

二是配套设施不健全，信息化应用有限。调研发现，农产品批发市场的相关附属基础设施明显不足。许多农产品批发市场虽然交易额迅速攀升，但其缺乏足够的保鲜仓储、配送、质量追溯等配套设施。走访国内多地农产品批发市场，主要布局仍以交易大棚、露天车位、活动板房、交易摊位等形式存在。市场交通拥堵、垃圾清运滞后、设备设施陈旧等问题屡见不鲜，农产品交易市场的核心功能如展示交易、检验检疫、仓储物流、交易结算、电子商务等配套的设备设施不达标。由于农产品批发市场项目属于“非标”产品，需要定制化系统，多数农产品批发市场自行研发的系统或二次开发的系统无法做到与外部环境高效对接，信息采集和应用场景有限，无法发挥信息价值。

三是监督机制不完善，监管力度不足。农产品批发市场属于开放性经营场所，存在着消防、食品、治安、交易安全等诸多隐患。如农产品批发市场标准化及内控管理体系的不健全，对海外进口冷冻食品的安全监测和检测能力不足，把关不严也是病毒污染扩散的原因之一。行业内没有统一的农产品批发市场法律法规，各地主管部门在操作过程中无法可依，相关流通标准和强制性法律法规制度体系的制定和管理需要加强。另外，缺乏与现代农产品流通相适应的农产品批发市场布局与建设规划，没有设置相应的项目布局标准、监督管理机制和市场退出机制等。

为此，提出如下建议：

第一，明确农产品批发市场的公益性定位。农产品产地批发市场在推动产品集散的同时，其承担的价格形成、信息节点、安全监管、应急储备等公益性功能更加突出。资本具有逐利的本性，如果批发市场任由私营经济控制，则可能会出现摊位招标费高达上百万元的情况。资料显示，美国、日本等均突出强调农产品批发市场的公益属性，其中日本的中央农产品批发市场是由政府全额投资建设的，在市场收费性项目上也充分体现了不以营利为目的的公益性。考虑到农产品批发市场在我国产品流通中的关键作用，建议把批发市场建设，尤其是产地批发市场建设当作公益性工作来抓，在明确公益性职能内涵的基础上，加大政府财政投入，多渠道筹集资金，出台土地供给、税收减免等优惠政策，建立农产品批发市场的公益性保障机制。

第二，整合县乡级区域批发市场，拓展信息中心、展示中心、虚拟交易等新功能。调研显示，我国农产品生产规模化的提升导致田头市场交易增大，集散、交易场所功能不断拓展，而传统县、乡级区域性批发市场功能单一，难以适应大规模交易。同时，合作社、家庭农场等新型经营主体的发展及电商的带动，使得农产品从销地直接对接终端批发、终端销售的比例加大，流通环节由原先“田头市场 - 产地区域批发 - 中心批发 - 销地区域批发 - 终端销售”向成本更低、远转更快的“田头市场 - 中心批发或终端销售”短链流通渠道转变。传统县、乡级区域性批发市场交易量与功能出现萎缩。针对这一日益明显的发展趋势，建议整合县、乡级区域批发市场，拓展其信息中心、展示中心、虚拟交易等功能，将现场看货、实物交易的模式转变成依靠样品与信息交易，实物则由产地直接向超市筹配中心运送，做到商物分离。各级政府要通过财政金融和吸引社会资本，加快传统农产品批发市场的升级改造，赋予农产品批发市场更多属性，如从过去单纯关注交易量和交易额转向为运销主体和消费者提供更多的服务。

第三，加大配套设施设备投入，完善农产品批发市场系统性升级改造。农产品批发市场的转型升级必须充分考虑城市发展的需要，在功能设计上要结合现代农产品流通，特别是冷链流通的需要，如配建一定规模的仓储设施、加工车间、中央厨房等。建议对传统农产品批发市场采购、交易、仓储、物流、配送、结算、金融、溯源、管理等环节进行系统性升级改造，加大对智能化设备设施、检验检疫设备、冷链仓储设备、分拣加工设备、搬运装卸设备等配套设施设备的投入。在农产品优势产区，支持家庭农场、农民合作社、种植养殖大户等新型农业经营主体建设一批立足田间地头、设施功能完善、紧密衔接市场的农产品仓储保鲜冷链设施。

我国农产品产地仓储保鲜冷链设施建设过程中面临的困难和建议

农产品产地仓储保鲜冷链物流是生产对接市场、农业对接工业、产品成为商品的桥梁纽带。在农产品生产、加工、仓储冷链物流、市场营销四个环节中，产地仓储保鲜冷链物流基础最薄弱，许多地方甚至是空白。2020年中央一号文件要求，启动农产品仓储保鲜冷链物流设施建设工程。农业农村部为此专门印发了实施意见，做出了全面部署。2021年中央一号文件再次提出要加快实施农产品仓储保鲜冷链物流设施建设工程，推进田头小型仓储保鲜冷链设施，打造50个全国产地仓储冷链试点。

做好产地仓储冷链物流这项现代农业发展的重大牵引性工程，既是推动农业高质量发展和乡村振兴的重点内容，更是适应人民群众美好生活需要和消费升级的重要举措。笔者作为农业农村部和山东省农业农村厅农产品仓储保鲜冷链设施建设咨询专家组成员，自2020年以来对湖南、湖北、四川、广西和山东等省区农产品仓储保鲜冷链设施建设情况进行了充分调研后，发现目前存在以下几个主要问题。

一是保鲜冷链设施用地“难”。目前全国农产品产地冷藏保鲜设施建设大多占用设施农业用地指标，少部分占用建设用地。农产品仓储保鲜设施项目因用地实际需求与土地利用规划和土地建设规划不一致，以及空间规划的严格控制，用地供应少，项目落地难。因地方发展需要，建设用地指标一般优先向高端服务业和工业倾斜。设施农业用地却往往因缺少相关土地证明材料等原因，备案审批用地难度较大。以山东省为例，山东省中北部地区，多数以平原为主，平原地区以基本农田为主，无法落实设施用地。还有部分地区，地窖需求大，地窖一般位于地下 7 米，地上 4 米仍用于耕种，实际并不影响土地性质，但是分拣分选、包装加工等地窖配套设施因土地限制，不得不建在距离地窖数公里外。

二是冷藏保鲜设施缺口“大”。随着社会消费水平的提高和消费观念的转变，人们对鲜活农产品的品质和“鲜活”度要求越来越高。作为农产品保鲜的源头，产地冷藏保鲜设施必不可缺。但是，总的来看，全国农产品产地仓储保鲜设施仍存在较大缺口，设施普遍老化、陈旧，利用率不高。受益于脱贫攻坚行动，贫困地区果蔬产业发展快速，其对冷库需求加大。冷藏保鲜设施不足，造成部分农产品以原始状态直接进入流通环节，导致农产品田头收购价与零售价之间的价差拉大，农户在产业链中的价值分享比重被拉低。

三是补贴政策门槛“高”。自 2020 年起，农业农村部启动实施了农产品产地冷藏保鲜设施项目建设，重点围绕蔬菜、水果，兼顾地方优势特色品种（不包括粮食、畜产品、水产品），支持县级以上示范家庭农场和农民合作社示范社（2021 年扩大至已登记的农村集体经济组织）建设冷藏保鲜设施。然而，不少符合条件的县级以上家庭农场和农民合作社已经建设了仓储保鲜冷藏设施，继续建设的需求和意愿较低，但是有建设需求和建设资金的非县级以上示范家庭农场或农民合作社示范社、农业加工企业，特别是部分新成立的家庭农场和农民合作社建设冷库的刚性需求和意愿更大，但是却不能享受国家补贴政策。

四是财政补贴比例“低”。考虑不同地区建筑材料以及建筑地形的不同，一个标准冷库每立方米造价大概在400—600元不等。国家补贴按照不超过建设设施总造价的30%进行补贴，单个主体补贴规模最高不超过100万元，但一般家庭农场与农民合作社经济实力有限，没有充分的自筹资金，30%的补贴比例不足以调动其建设仓储保鲜设施的积极性。移动叉车和冷藏车等配套设施也不在补贴范围内，而一辆冷藏（冻）车大概四五十万元，这笔钱对普通家庭农场和农民合作社来说，无疑是一笔不小的开支。此外，受目前的财政转移支付方式影响，中央补贴资金下达较早，且必须尽快拨付基层，故年初只能按照摸底情况测算分配补贴资金。而项目补贴采取先建后补方式，在最终落实补贴政策时，难免出现部分县（市、区）补助资金"吃不饱"，实际补贴比例低，与此同时部分县（市、区）补助资金"吃不了"，资金出现结余且不能调整，造成县市区之间补贴标准不平衡，导致放弃建设或缩小建设规模等情况发生。

五是保鲜冷链设施利用效率"低"。由于果蔬等农产品季节性强，特别是樱桃、桃等果品贮藏期较短，造成冷库有效使用期短，有的仅使用2—3个月，大部分时间闲置，导致冷库成本回收时间长和年度收益不高。一般农户普遍缺乏农产品冷藏保鲜专业知识，在温度、湿度、保鲜添加剂等方面管理不科学，一方面容易造成储藏果蔬的变质，另一方面也额外提高了冷库运行成本。此外，农产品仓储保鲜设施布局相对分散，缺乏信息化、数据化、智慧化、网络化管理，导致产地、仓储、运输、销售等环节信息联通不畅，降低了运行效率。

六是专业技术知识"乏"。农产品产地仓储保鲜冷链物流建设的实施主体在农村，且冷链物流建设有一定专业技术门槛。在农村，人才和技术支撑薄弱，建设和经营方面困难、风险较大。调研发现，由于农产品仓储保鲜冷链物流设施对于合作社和家庭农场来说是个新事物，大部分主体对于如何选择承建方、如何选配设备、如何选用保温材料、如何确定是否合格等都没有经验可依。一些建设主体的仓储冷库建设不规范，如没有做地面保温，没有对接运输车辆的月台，有些建了用不上的气调库，等等。以上这些情况造成建设主体无法对供应商提供的建设方案进行有效评估及验收。另外，冷库运行和经营管理更是一个技术工作，入库方式、冷藏温度、运行风险等一系列问题对农户来说都是陌生的，加强人才培训是必不可少的。

为此，建议如下：

一是强化用地政策支持。在统筹协调保耕地、促发展、保权益的前提下，进一步细化完善设施农业用地政策，有效保障农产品产地冷藏保鲜设施项目用地需求。建议农业农村部门协同发展改革委、自然资源等部门落实保鲜仓储设施用地扶持政策，对需要集中建设仓储保鲜冷链设施的田头市场，优先协调安排建设用地指标。落实《自然资源部 农业农村部关于设施农业用地管理有关问题的通知》要求，确保设施农业用地政策落地，将设施农业项目范围内与农业生产直接关联的分拣包装、保鲜存储等设施用地纳入农用地管理，切实用地需求；对符合规划、集中建设的仓储保鲜冷链设施，优先保障建设用地；探索通过租用、入股等方式将农村集体建设用地用于农产品仓储保鲜冷链设施建设的方法。另外，应倡导因地制宜发展移动式产地仓储冷链物流设施，这种移动式设施能够实现便捷移动使用，不受当前土地使用政策限制，可拆卸、造价低，也适用于乡村田间道路。

二是完善财政支持政策。建议降低补贴政策门槛，放宽县级以上家庭农场示范场、农民合作社示范社申请条件，让普通的家庭农场、农民合作社和农业加工企业都能享受国家补贴政策。同时，进一步提高农产品产地冷藏保鲜设施项目财政补贴比例和上限，扩展补贴品种和补贴范围，力争将移动叉车和冷藏车也纳入补贴范围。

三是加大金融支持力度。引导银行、信贷担保等金融机构开发专用信贷产品，为农产品仓储保鲜冷链设施提供优惠贷款、担保等政策，充分调动新型农业经营主体建设积极性，放大中央补贴政策效应。如山东省农业农村厅对接省农担公司，创设了“仓储保鲜冷链设施贷”为实施主体减负，为工程建设赋能。湖北省农业农村厅为推动农产品仓储保鲜冷链建设项目落地，与邮储银行湖北省分行和湖北省农业信贷担保有限公司密切合作，配套实施“冷链贷”金融产品。此外，广东省农业农村厅利用中国太平洋财产保险股份有限公司广东分公司在发挥农业保险领域方面的优势，探索完善“田头小站”农业金融保险对接功能，助推产地冷链物流基础设施建设，全方位保障产地农产品共同配送体系。

四是提升信息化管理水平。探索建立省、市、县农产品产地冷藏保鲜设施信息服务平台，推动实现仓储、物流、产销信息高效衔接，促进区域内分散的冷藏保鲜设施资源合理配置、高效利用。

五是健全仓储保鲜社会化服务。积极引进和培养仓储保鲜专业型人才，依托科研院所、行业协会、大专院校，加强对仓储保鲜、冷链物流行业从业人员的专业技术知识和实操技能的培训。鼓励联合大专院校、研究机构、行业协会积极开展保鲜技术、专用设备、温控标准等操作规范和技术标准研制和应用，提高产地仓储、保鲜、装卸及商品化处理等作业效率和管理水平。

“小甘薯”推动“大发展”
——泗水县甘薯产业发展的经验启示

甩掉穷帽子，过上好日子，利用好农村土地资源，发展特色种植是关键。泗水县是鲁中南的一个典型的山区小县，全县总面积1118.96平方公里，境内土壤矿物质丰富，工业少，无污染，大气质量优良，特别适宜发展绿色有机农业，是“中国优质地瓜原产地”。

一、典型做法

近年来，泗水县以甘薯产业为抓手，以组织创建为引领，建设现代农业甘薯产业园，产业总产值18.09亿元；引进农民专业合作组织246个，农村居民人均可支配收入达到16117元左右，同比全县平均水平高出30.2%。调研组总结该县甘薯产业推动县域经济发展、全县农民增收的典型做法如下：

（一）品牌引领，政策支持，甘薯产业有了发展保障

甘薯产业作为泗水县的特色产业，历来得到当地县委、县政府的高度重视和支持。近几年，该县坚持“生态优先、绿色发展”理念，充分发挥土壤、空气零污染的优势，打造“绿色有机农业示范地”，并将甘薯产

业确定为全县“一县一业”重点支持企业，进一步加大支持力度。第一，发挥品牌效应。泗水县每年举办中国（泗水）甘薯产业发展大会，率先创立区域品牌“泗水地瓜”，以“好地瓜不仅是香甜”喊出泗水地瓜的产品价值，通过区域品牌体系构建，赋能泗水地瓜品牌。2020年4月“泗水地瓜”被山东省评为“第五批山东省知名农产品区域公用品牌”。第二，出台多项政策支持甘薯产业。泗水县专门出台《泗水县支持甘薯产业集群建设的若干措施》，成立甘薯产业技术研究院，制订了“泗水地瓜”高质量发展方案，从规模化高产高效栽培技术模式、培育壮苗、耕地施肥及栽植技术、田间管理等方面统一标准。泗水县面向全国征集优质甘薯新品种106个，建设甘薯品种展示园350余亩。该县与国家甘薯产业技术体系签订《战略合作协议书》，共建“国家甘薯产业技术研发基地”，打造全国品类最全的健康种苗繁育基地、全国最有影响力的全产业链产品加工集散基地、国际甘薯科技要素集聚高地。泗水县出台《泗水县推进甘薯产业集群建设的若干措施（试行）》等政策，从若干方面对企业、新型经营主体、高校科研机构在开展甘薯新品种培育、新产品开发、新技术研究、科技成果转化应用、人才培养、品牌宣传方面做出成绩的进行资金奖励和补贴。以品牌创建和政策支持，为甘薯产业发展提供保障。

（二）企业带动，规模种植，甘薯产业有了发展路径

据调研组统计，泗水县是全国最大的薯类淀粉加工基地，其甘薯加工企业达30家，其中国家级龙头企业1家，市级以上龙头企业8家，保鲜储存能力20万吨，年综合加工能力可达60万吨。以泗水利丰食品有限公司为例，利丰公司是甘薯加工国家级龙头企业，业务范围覆盖鲜薯储运、种薯种苗繁育、各类产品加工以及薯渣和废水处理的全产业链，产品畅销20多个国家和地区，目前总资产达3.6亿元。公司通过“企业＋基地＋农户”的模式，引导济宁市及其周边农民种植高淀粉型甘薯品种济薯25。公司以订单收购的方式，统一供苗、统一种植标准、统一收购价，帮助农

民收入增加 1000—2000 元 / 亩以上。从 2013 年基地面积 1 万亩，发展到当前基地面积 10 万亩，从带动种植户 1000 户发展到 1 万户，助力泗水县乃至济宁市周边县市农民脱贫致富，实现了甘薯种植的规模化、集约化和标准化发展，甘薯产业的发展使农民和企业达到了双赢，对区域农业发展起到了有力的拉动作用。

（三）科学贮藏，错时销售，甘薯产业有了发展机遇

由于甘薯的天然属性，鲜食型甘薯贮藏条件较为苛刻，需要专门的贮藏设施设备。泗水县充分利用当地自然条件，因势利导建立地窖或通风库设施，确定贮藏参数、规范贮藏操作流程，长期贮藏甘薯，取得良好的贮藏效果。贮藏利用自然冷源，避免大规模使用氟利昂等化工产品，运行中只需以较少耗电量就能实现果蔬保鲜，将对环境的不利影响降到近似于无，提高了资源利用效率，符合资源节约集约高效利用要求。鲜甘薯通过科技手段实现无损贮藏，进一步实现有序上市，错开了相对集中的甘薯上市及加工季节，实现了甘薯错季销售、周年销售，使甘薯产业大规模发展成为可能，给甘薯产业带来了更广阔的市场前景和发展空间。

二、存在问题

（一）甘薯种苗繁育体系有待完善

目前甘薯种苗繁育体系尚不健全，良种推广工作缺乏统筹组织，大型种薯种苗供应企业不足，种苗繁育方式多以种植户自繁自育自用为主，易产生病毒病。种薯种苗供应不足，来源混杂，市场混乱，新品种推广应用慢、效率低。盲目、长途调运种薯种苗导致病虫害危害风险增加，容易导致甘薯病 SPUD 毒病的传播，成为甘薯生产的制约因素，给甘薯产业持续发展带来隐患。

（二）小规模加工生产存在环境污染隐患

除了泗水利丰食品有限公司外，其他企业多为中小型企业，数量也有限，对产业发展拉动不足。绝大多数鲜薯销售利润偏低，很多小规模生产者仍以甘薯加工制作淀粉来提高甘薯利润水平。甘薯加工作坊加工的成品主要为淀粉及其衍生品，附加值较低。加工群体零散，未形成优势产品、自主品牌，销售流通环节不畅，尚未形成产业优势。甘薯加工后副产物综合利用程度偏低，加工甘薯淀粉过程中的甘薯蛋白质资源被作为废物、废水直接排放掉，不仅造成经济损失，更带来了水体、空气等环境的污染。甘薯淀粉加工缺乏清洁化加工技术的创新利用，甘薯制品加工污染治理设备投入较高，治理收益回报周期长，导致小规模甘薯制品加工者和小家庭作坊淀粉加工者不会关注也无力关注甘薯加工带来的环境污染问题。

（三）机械化程度低，种植成本较高

甘薯主要分布在干旱的丘陵山地，地块零散，产业机械化程度低。生产的栽插、田间管理、收获等环节以人工操作为主，劳动强度大，劳动力成本较高，劳动力成本占 45% 左右，高于肥料和种薯种苗成本之和，利润空间下降。

随着劳动力的转移，农村劳动力已经严重缺乏，再加上农村缺少甘薯生产上急需的轻便配套机械，以及农机农艺结合的高效轻简化实用技术。所以，部分作业环节尚不能使用农机，机械收获作业质量和效率不高、覆盖率有待提升。甘薯生产机械化程度明显低于其他作物，这成为甘薯产业发展的重要限制因素。

（四）机制制约，农户发展受限

目前，松散的市场联结方式在甘薯产业中仍占主导地位，企业根据市场行情随机收购甘薯，自由买卖，价格随行就市。种植户在销售市场中处于被动地位以及产业链条底端，缺乏话语权和议价权。另外，市场“企业

+合作社+农户”的利益联结的机制，企业和农户之间的利益共享少、风险共担少、抵御市场风险能力弱。

三、对策建议

我们建议通过培育壮大新型甘薯产业经营主体，推进一、二、三产融合。聚力建设以规模化种植基地为依托，由产业化龙头企业带动，现代生产要素聚集的现代甘薯产业集群，促进甘薯产业各要素的相互融合和全产业链开发。

（一）在项目动员、土地流转中要充分发挥农村基层组织的领导核心作用

农村基层党组织要多方面促进合作社、种植大户和家庭农场等各类规模化经营主体的发展，进一步探索和发展适应于当地生产者需求特点的规模化经营主体；有效提高甘薯规模化经营主体的示范和带动能力。把行政服务和技术服务密切结合起来，带领村民共同发展甘薯产业，实现“一村一品”，创建地方特色品牌。

（二）充分发挥新型经营主体或龙头企业的带头引领作用

以新型农业经营主体或企业来应对市场，相对单个农户具有显著优势。与传统分散经营的小农户相比，新型农业主体或企业经营规模化、产业化水平更高，对新品种、新技术学习意愿，应用推广意愿更强，更加有利于新品种、新技术的推广应用。建议通过“专业合作社+示范基地+农户”的模式，充分发挥合作社示范带头作用，开展种植示范和推广，引领种植户开展特色产业发展。这种通过新型经营主体或龙头企业引进新品种、新技术、新资材，再与甘薯种植农户签订订单协议，小农户按照协议要求进行生产、种植和管理，并将生产的甘薯产品按照不低于合同约定的价格销售给企业，企业负责引领农户进行甘薯的生产、加工和市场销售，并引导

散户、贫困小农户向规模化、专业化生产过渡，以实现甘薯产业带动农户增收的效应。

（三）营造良好的营商环境，培育投资土壤

积极引进诚信守法、市场开拓能力强、加工技术先进，具有集团化规模的龙头企业，创造良好的投资环境，吸引各方资金投入甘薯加工产业的发展，形成具有竞争力的产业体系。

加大对甘薯企业、合作社、家庭农场的用地指标、信贷金融和财政资金等政策的扶持力度；积极引进农业保险，鼓励甘薯种植农户参加农业保险，确保市场稳定均衡供给，有效抗衡自然风险和市场风险，确保灾害发生以后的赔付及时足额，让农业保险真正起到稳定器的作用。

关于完善我国农产品跨境冷链物流体系的建议

“一带一路”倡议促进了我国与世界的交流与合作，给我国农产品跨境发展也带来重要机遇。“一带一路”沿线国家农业资源丰富，开展农业合作的基础牢靠，能够有效推动我国与“一带一路”沿线国家的农产品贸易，依托“一带一路”经济带，释放沿线国家对农产品的巨大需求，激发了市场活力，为我国农产品跨境销售提供了良好的发展环境。然而，跨境电商的销售以全球网络为平台，在竞争日益激烈的国际局势大背景下，也更容易遭受贸易壁垒。企业要想在众多商家中脱颖而出，对其产品质量、品牌、供应链等方面会有更高的要求。目前，我国大部分农产品出口企业在质量标准、品牌意识、供应链管理等方面距离发达国家仍有一定差距，在吸引消费者方面力度较弱，这些制约了我国农产品跨境电商产业的发展，主要表现在：

一是农产品跨境电商物流成本高。农产品跨境电商物流的复杂性决定了跨境电商交易物流成本高于国内物流成本。跨国交易由于交易主体来自世界各地，交易主体之间的物流设施条件、海关检查标准不同、运输长短等因素都将导致昂贵的物流成本的产生。农产品自身固有的易腐坏、季节性强、对贮藏环境要求高等因素也会增加运输途中的贮藏成本。生鲜农产品的运输对配套冷链物流具有较高的要求，而相较于国外已经发展成熟的温控物流系统，我国冷链物流建设比较落后，生鲜类农产品跨境电商发展受到较大的阻碍。跨境物流过程中严格的检疫措施和进出口管制措施也使得国际物流配送成本增加。

二是全球跨境农产品监管体系尚未形成统一标准。我国跨境电商起步较晚，规范方式有待健全，对跨境电商交易过程中存在的支付、赔偿等具体问题没有具体应对方法，而欧美市场的跨境电商法律已相对成熟。但各国的法律法规存在差异性，知识产权等法律纠纷层出不穷。特别是农产品跨境电商交易，产品中的农药浓度等都会牵扯到不同国家和地区的法律体系、监督体系，我们需要在这方面加强对法律法规的制定研究，积极融入全球跨境农产品体系。

三是国内农产品质量标准和认证体系有待完善。相比医药等行业严格的标准规范，当前我国针对跨境电商出口农产品并未构建出一套相对标准、规范及完善的质量体系。尤其是质量检验监控机制仍然存在一些问题，跨境电商企业内部本身没有对出口农产品的品质进行更严格的动态监控及规范管理，这导致出口农产品的品质参差不齐，达不到“三品一标”的基本要求，即使改进了出口模式，也无法将质量提升上去。首先，许多农产品的生产流程过于落后，这导致农产品的各项生产指标不合格。其次，许多企业只注重简易生产，对产品的生产质量把关不够严格，有时甚至为了增加生产的数量而忽视了质量检测环节，导致产品的有害物质含量超过相关标准。最后，盲目地追求生产量，过度使用各种农药及激素，导致出口检疫不合格，商品检疫不过关。这给我国农产品的出口品牌造成了直接影响，损害了我国出口农产品的口碑，导致农产品出口困难。

我们建议如下：

第一，完善农产品跨境供应链体系，提高物流效率是降低成本的有效途径。政府应做好引领和支持工作，从国家层面加强与其他国家特别是地缘国家的合作，形成合作框架，建立冷链物流线路、商品、报检通关程序的合作互惠机制；支持在“一带一路”国际大通道、沿线中心城市、重点港口、重点境外经贸合作区建设冷链物流中心，发展冷链物流型境外经贸合作区；引导和鼓励有条件的企业科学规划、有序建设海外冷链基础设施，打造具有辐射能力的公共海外仓储；简化冷链物流产品进出口手续，满足冷链物流产品对时间要求苛刻的特殊性等；对冷链物流、多式联运等关键技术和模式研究、智能化仓库管理系统开发等给予人力、物力和财力支持。

第二，完善我国跨境电商知识产权相关法律条款，同时加大执法力度。为了促进跨境电商行业和农业产业的健康发展，必须尽快完善我国电商知识产权相关法律条款，同时加大执法力度，为农产品在跨境电商渠道中的合法经营提供法律保障。从我国现行的与跨境电商农产品知识产权保护相关法律制度上看，虽然其在促进农产品国际贸易中发挥出一定的保障作用，但与快速提升的跨境电商农产品知识产权保护需求相比，我们在法律制度的更新与完善方面仍然存在一定的滞后性与制约性。有些法律制度已经不再适用于当前的实际情况，还有法律制度之间存在一定矛盾性，导致在执法过程中遇到较大阻碍。这些问题的存在，使得跨境电商农产品知识产权无法得到有效的法律保障，甚至面临着“无法可依”的危险境地。因此，当务之急是结合我国农产品跨境电商知识产权保护的实际需要，我们要建立起一部内容健全完善的、切实可行的、带有统领性的农产品知识产权法律制度，其内容要涵盖农产品专利权、农产品商标权、农产品地理标志权、植物新品种权等几个主要方面。在我国农产品“走出去”过程中，政府有关部门要及时针对现有法律制度进行重新梳理和修改完善，确保各项条款的法律效力，为农产品知识产权保护提供有效支撑。此外，建议政府部门加强国内、国际执法协作配合，通过联合执法的方式对各种违法侵权行为进行严厉打击。

第三，完善质量认证体系，打造高质量出口品牌。政府需持续加大对市场的监察管理力度，以国际标准为标准，严于律己，加强各个企业的农产品生产加工的质量检测体系建设，并且进一步更新完善监管体系，使之与国际监管体系接轨，增加海外用户的信任度。为实现我国农产品的电商销售品牌策略，必须严格根据国家的“三品一标”来打造高质量的品牌，防止品牌过于单一，确保出口产品的多样化，以满足海外客户对不同档次不同产品的需求，用质量换取市场。政府应支持农产品跨境电商平台继续提升“三品一标”水平，增加“三品一标”农产品数量，打造高质量农产品品牌，通过严格把关出口农产品质量来改善农产品出口贸易的恶性竞争，严格把关农产品出口企业的生产品质，以有效提升我国农产品跨境电商平台的地位及形象。冷链物流、电商行业协会 / 学会等，应协助政府部门梳理冷链物流相关的标准和认证体系，加强与国外行业协会 / 学会的交流合作，参与和主导制定适应冷链物流行业发展的标准和认证体系，尽快实现国内外相关标准和认证体系的融合。

建议广泛开展我国冷链物流设备设施认证认可工作

冷链是整合农林畜牧渔等生产与餐饮消费的重要生产方式，而全程冷链是保障食品安全和品质的基本条件，所有生产活动都需要冷链设备设施开展。因此，承担冷链加工、贮存、运输和配送功能的冷链物流设备设施则是冷链的最重要的节点。近年来，我国冷链物流设备设施建设取得巨大的成就，但历史遗留和发展过程中的问题，尤其是冷链物流设备设施认证认可工作不到位，不仅影响冷链物流行业的发展速度和品质，而且还影响行业的发展成本和风险化解。

产品认证制度是由可以充分信任的第三方证实某一产品或服务符合特定标准或其他技术规范的活动。一个企业，它的产品通过认证机构的产品认证就可以获得认证机构颁发的认证证书，并允许在认证的产品上加贴认证标志。这种被国际上公认的、有效的认证方式，可使企业或组织通过产品认证树立起良好的信誉和品牌形象，同时让顾客和消费者也通过认证标志来识别商品的质量好坏和安全与否。目前，世界各国政府都通过立法的形式建立起这种产品认证制度，以保证产品的质量和安全、维护消费者的切身利益，这已经成为一种新的国际贸易壁垒。

2017年，国务院办公厅发布了《关于加快发展冷链物流保障食品安全促进消费升级的意见》（国办发〔2017〕29号），在该文件的第六部分“加快冷链物流技术装备创新和应用”中明确提出：“鼓励第三方认证机构从运行状况、能效水平、绿色环保等方面对冷链物流设施设备开展认证。”但我国冷链物流设备设施认证认可工作并没有得到有效的开展。目前欧美等国家的冷链装备产品认证制度主要包括：

一是日本对于冷链中最重要的基础设施冷库，通过各种法律对其实施管理，对冷库设施进行强制性年检。日本目前与冷库有关的法律有《仓库业法》（防火、隔热材料、卫生）、《建筑基准法》（承重）、《消防法》（防火）、《高压气体保安法》（制冷设备）、《电器事业法》（冷库内通讯报警设备）等。除此以外，还有为确保《仓库业法》不同级别的冷库温度要求而制定的制冷量基准（热负荷计算）、冷却面积基准（热交换器的传热面积计算）及其相关的由指定的民间第三方出具的制冷设施年检详细说明等。

二是美国大部分冷链物流标准以及相关操作规范为推荐性标准，由专业性非政府组织按照联邦相关法规、结合行业发展需要和业内企业诉求牵头制定，并由冷链行业协会参照落实，在行业内自愿推行。美国卫生基金会（NSF）与美国标准化学会（ANSI）共同制定了75项有关食品运输设备的标准，规定了商用食品冷冻和冷藏设施、隔热容器等设备要求，并以此为依据对相关设备设施认证；冷冻食品处理与销售联盟（FFHMA）制定了《冷冻食品处理和销售指南（2009）》，规定了运输过程中对温度测量与记录、冷冻集装箱设计、冷冻仓库设施等的要求。美国目前主要有UL认证和Energy Star认证。UL认证主要是产品安全性能方面的检测和认证，属于非强制性认证；Energy Star认证是适应美国能源部要求兴起的一项认证，它是目前世界上影响力最大的能效认证，目前欧盟、加拿大等地区和国家均以此为蓝本，推广当地的节能认证。该认证属于自愿性认证，但取得该项认证的产品往往会博得消费者好感，甚至美国对此有税收优惠政策，取得此认证有利于产品出售。

三是由欧共体提出的CE认证，德国的GS认证和法国的A+认证。在欧盟市场CE标志属强制性认证标志，不论是欧盟内部企业生产的产品，还是其他国家生产的产品想在欧洲市场上自由流通，就必须加贴CE标志，以表明产品符合欧盟《技术协调与标准化新方法》指令的基本要求。贴有CE标志的产品将大大降低在欧洲市场上被海关扣留和查处、被市场监督机构查处、被同行出于竞争目的指控等销售风险。GS认证以德国产品安全法为依据，按照欧盟统一标准EN或德国工业标准DIN进行检测的一种自愿性认证，是欧洲市场公认的德国安全认证标志，一个有GS认证标志的产品在市场上会较一般产品有更强的竞争力。在法国，A+认证是室内建材进入市场强制使用的环保标签中等级最高的标志。2011年年底欧盟为了应对全球其他地区家电产品对欧盟各成员国市场的冲击，要求所有的家电产品必须达到A+标准后才能获准进入欧盟国家销售。

除了这些认证以外，与冷链装备相关的还有全球性的CB认证。它是国际电工委员会建立的一套全球性互认制度，其手段是通过推动国家标准和国际标准的统一协调以及产品认证机构的合作，使企业更接近于理想的“一次测试，多处适用”的目标，即企业从一个认证机构取得CB证书后，可以较方便地转换成其他机构的认证证书，由此取得进入相关国家市场的准入证，这在大部分国家属于强制性认证。

因此，建议参考欧美等国家模式，我国广泛开展针对冷链物流装备与设施的认证认可工作。

第一，认证认可要“有标可依”。由国家市场监督管理局和国家认证认可监督管理委员会牵头，通过政策支持，依托中国物流采购协会冷链物流专业委员会、中国仓储与配送协会等行业组织制定涉及预冷设备、冷链车辆、冷库、冷柜、保温材料等设施以及制冷设备等产品名录，并制定系列列入产品名录的评价标准、规范，形成一套关于质量与安全的评价认证标准体系，在完善评价标准制定的基础上开展冷链设施的评估。凡是列入目录内的产品未获得指定机构认证的，未按规定贴认证标志的，一律不得出厂、销售和在经营服务场所使用。

第二，建立专业化认证机构实施认证。由国家市场监督管理总局和国家认证认可监督管理委员会授权一批具有可靠执行认证制度的必要能力，并在认证过程中能够客观、公正、独立地从事认证活动的机构。认证机构要独立于设备设施制造厂、销售商和使用者（消费者）、具有独立的法人资格，能够实现对不同农产品品种、不同应用条件下的预冷设备、冷链车辆、冷库、冷柜、保温材料等设施以及制冷设备性能、能效、安全、排放、自动化程度、控温精度、温度可追溯等多项指标进行检测、认证、评级。同时，为实现“双碳”目标，我们也需开展冷链设施环节中冷库的绿色认证工作，结合绿色建筑相关评价标准对冷库开展包含绿色设计、绿色施工、绿色运营方面的认证，建立市场准入机制，淘汰等级指标过低的装备。

第三，严格执行获得认证后的监督管理。国家认证认可监督管理委员会要加强对于认证过的设备、设施执行严格监管，由第三方机构根据《中华人民共和国认证认可条例》《强制性产品认证机构、检查机构和实验室管理办法》（质检总局令第 65 号）等文件，定期开展企业复评认证工作。对于通过认证的企业，由认证机构发放相关标识证书，并进行社会公示。同时，相关部门也要加强对专业化认证机构的认证资质定期进行审核和复评，确保认证机构的权威性。

建设县乡村三级物流体系，助力乡村振兴战略深入实施

2022年，中央一号文件指出，加快农村物流快递网点布局，实施“快递进村”工程。2022年国务院政府工作报告提出，要“发展农村电商和快递物流配送”“启动乡村建设行动，加强水电路气信邮等基础设施建设”。商务部数据显示，2021年6月以来，积极推进县域商业建设行动，全国80%以上的行政村实现了快递直达。

建设县乡村三级物流体系，加快推进“快递进村”工程，完善末端农村物流节点，是畅通农产品进城、农业生产资料和农民生活消费品下乡的重要路径，也是助力乡村振兴战略深入实施的重要抓手。调研显示，山东县乡村三级物流体系在总体规划、空间布局、节点分布等方面还不能很好地适应农业农村发展的新要求，主要表现在：

一是村镇级物流体系搭建成本高，市场盈利空间不足。乡村级的物流市场客户分散、业务量少，农村物流运距长、货量小，农产品季节性强、集约化程度低，难以形成规模效应。农村物流上行成本非常高，没有盈利的驱动，很多企业不愿将触角往县级以下的乡镇、村延伸。山东省物流与采购协会数据显示，山东省共有国家A级物流企业487家，星级冷链物流

企业21家。这些龙头物流企业中，绝大多数都只在县级以上区域布点，面向县级以上区域搭建物流网络，乡镇及村以下业务，很少有企业涉及。盈利空间不足导致龙头企业对乡镇物流市场的关注度不高。此外，物流仓储设施（如农产品需要的产地冷链仓库）属于固定资产投资，建设所需资金量较大，成本极高，仅依靠市场力量发展农村物流、搭建物流体系是不现实的。

二是体系建设与产业布局不匹配，物流企业各自为战。不同县域的优势主导产业不同，规划建设时相关部门并没有从供应链角度出发，分门别类地建立与其产业相匹配的县乡村三级物流体系，导致目前集约化程度低，难以形成规模效应，很多物流企业无法建立常年稳定的业务流量。对于上行产品，由于品多量少，且对运输配送设备设施和技术要求高，限于目前各快递公司主体不同、物流信息系统各异，各自为战，我国还没有在共同分拣、共同配送等方面做到资源整合。

三是网点散乱且标准化水平不高，物流专业人才匮乏。村级物流网点功能设施不全，运营管理模式松散而粗放，整体服务水平和效率都较低。根据调研青州市13个镇街区我们了解到：村级快递发件费用较城市高出约20%甚至更多。大部分乡镇在村里没设下属站点，村民取件距离较远，而且因快递未整合，往往一个快递一个网点，非常分散。除菜鸟系统外，取件都需要手写记录，极不方便也非常容易出错。快递从业人员素质普遍不高，专业性不强，尤其是农村上行物流大多需要冷链物流的配套，相关快递从业人员更是缺乏相应的专业知识和专业技能，很难在物流一线及操作层面得到发展。

为此，建议：

一、强化顶层设计和政策引导，培育适量的可延伸至农村的物流运营主体

首先，地方政府可制定支持县级中心、乡镇、村级站点建设的优惠政策，对于有发展潜力的运营主体给予一定的创业扶持。大力培育特色农(产)业运营主体，如以农产品为主导产业的县域物流体系建设加强农村电商主体培育，积极引入具有一定影响力的电商平台企业，普及电商运营理念，扩宽农产品销售渠道。以文旅为主导产业的县域物流体系可根据景区分布特征培育“旅游公司 + 农民”“政府 + 旅游公司 + 旅行社”等不同类型的运营主体。同时，培育具有一定规模和带动效应的物流企业为特色农业提供配套服务，整合有关企业力量建立第三方物流配送公司。鼓励其多元化发展，以该企业为核心构建供应链体系，积极寻求政府和金融机构的土地、政策、资金支持，发挥其示范带动作用。

其次，提供供应链金融服务，鼓励涉农金融机构根据县域的主导产业和产业结构创新金融产品，更多、更高品质地对链条参与主体提供金融支持。如对于农产品物流体系，可开发基于农业企业、多种仓单质押的供应链金融业务；对于工业物流体系，可开发基于物流园区、现代信息技术的供应链金融业务，增强供应链弹性，降低供应链中断风险。

最后，支持生产企业、物流企业、行业协会、供销合作社等构建不同类别的产业联盟，整合其各自优势，积极探索农村物流发展新经验和新模式。

二、坚持因地制宜和创新发展，在县级层面强化资源整合

首先，整合优化县域快递物流企业的末端网点，建议按照“功能集约、优势互补”的原则，整合邮政、商务、交通、供销等部门农村物流服务设施和政策，有效利用乡镇、村交通综合服务站等交通基础设施，鼓励引导

多站合一、服务同网，协同开展邮件快件的接取送达服务，实现“多站合一、服务同网”，提高农村快递网点的服务水平和效率。

其次，针对上行物流，根据县域主导产业构建不同类型的县乡村三级物流配送体系，要通过加强信息流、物流、商流、资金流和人文流的融合，增加三级物流体系的市场活力。例如，农产品为主导产业的县域，由政府主导，龙头企业为主体，要重点建立适合农产品上行的季节性冷链物流三级物流体系，同时引入电子商务服务商，提供必要的信息先导，采取“网络＋特色农产品”“网络＋农资服务”“网络＋冷链配送”等多种模式，提升三级体系的功能；以工业品为主导产业的县域应构建以县级物流园区为核心的物流中转和干线运输体系，重点提高配送速度与物流服务质量。

最后，针对下行物流，相关部门可以针对“四通一达”、邮政、顺丰、德邦、京东等快递公司，在县域建立统一标准的数据接口，尝试物流信息系统的末端物流信息的共享，把所有快递公司的物品，在县级层面实现物流服务权限的“黑匣子”式转移，即各快递公司将村镇级配送业务转移给某一个市场主体统一运营，但是对消费者仍然保留一单制物流信息可查可追。如此促进货源的高效集约，加强共同分拣、共同配送，这样既提高了全国性物流快递企业的运转效率，也为县域物流企业解决了货物流量问题，同时还为乡村从业者提供一定的创业和就业空间。

三、优化发展要素的资源配置，构建物流产业生态体系

首先，完善农村物流法律法规和政策体系。明确不同物流体系建设模式中的监管主体、监管思路与监管细则，积极解决地区行政壁垒、标准不一、恶性竞争等问题，全力畅通县域之间、城乡之间交易的各个环节，降低流通环节成本，优化体系营商环境。

其次，建立县乡村三级农村物流体系建设工作协调或管理专门机构。由该机构统筹整合和使用各类涉农物流资金，制定建设标准和要求，协调

管理物流体系建设项目及资金、快递物流价格形成，加大土地、软硬件设施、项目资金等支持力度，形成合力。如对于邮政快递业，可加快县级管理机构的设立，更好地将支持邮政快递业发展的扶持政策落实到基层，促进电子商务与快递业协同发展。

再次，搭建信息平台。相关部门以特色农产品乡镇为基础，构建城乡一体化信息服务平台；依托中国农业信息网、中国扶贫在线等已有平台，积极引导快递、工业、电商和物流企业积极参与信息化建设；建立集追溯、共享、存储、征信等功能于一体的县乡村三级物流信息平台，促进农村各类信息互联互通。

最后，加强从业人员的教育培训工作。支持高等院校中设置物流管理、物流工程等专业，重点培养高学历、高素质、高科研能力的“三高”人才。积极开展物流的在职教育，培养业务能力过硬的实用性人才。支持和鼓励高等院校、行业协会和科研机构，在政府支持下，面向产业提供集中培训、上门服务等专业培训。建立完善物流职业资格认证制度。

应重视并发挥传统地窖在农业“双碳”中的作用

地窖是我国劳动人民在长期的生产实践中创造和掌握的一类经济简便而又行之有效的贮藏设施。依托农业农村部、山东省农业农村厅启动的农产品仓储保鲜工程项目，笔者作为咨询专家组成员对山东省泗水、齐河、夏津、广饶、烟台等地区的地窖情况进行了调研。调研发现，传统地窖在满足蔬菜贮藏保鲜之需的同时，还在节能减排、提高土地利用及农业“双碳”中发挥重要作用。

一是广大农村地区就地取材，利用自然冷源，因势利导建地窖，使之满足日常生产生活需要。传统地窖避免大规模使用氟利昂等化工产品，运行中只需较少耗电量，大大减少对环境的不利影响。在全球化发展及跨区域物流日益频繁的趋势下，这种地窖自然保存，就地储存，就近存取与使用管理等操作模式，不仅可支持地区发展，也有助于减少因农产品长途运输所产生的碳排放。

二是节约土地资源，维护了农村开阔、粗放的景观格局。传统地窖避免占用大量土地建设现代化贮藏冷库，提高土地资源利用效率。北方地窖建筑考量到地域环境与气候的特性，兴建于地下，节约了地上的土地资源，另外，避免了因建造在地上因日照间距系数大，建筑量体易影响到临近土地及建筑的采光及有效日照时间的问题。北方地区这种以适度开挖、自持性使用原则来设计、建造地窖也使得其规模及形式符合小而美及亲自然设计的原则，维护了传统农村开阔、粗放的景观格局。

三是就地取材、因时因地制宜。地窖的建造材料与构造都是当地的泥土和砖等地方性亲自然建材，废弃后可循环再利用，分解后可还原于大地。充分利用当地泥土的保温特性不仅经济，也节省了建筑生产与运输过程中可能产生的碳排放。地窖一般选择开阔平坦临近农路的土地或田地的角落建设或者建在农户自家院落后院。临近农田可以实现甘薯、生姜等农产品就地储存，同时具有交通便利之处，可方便农民进行农业活动。建在自家后院，可以避免冬季寒风的侵袭，并能获得良好的日照及通风。

由于这类地窖的贮藏温度主要是依靠自然温度来调节和维持的，因此这类地窖在使用上受到一定程度的限制，其能显著发挥作用的时期仅限于冬季以及秋末和初春，在实际应用中会遇到一些问题，如秋季地窖降温慢蔬菜难以及时入贮，而冬季保温差蔬菜容易冻害以及春季温度回升快蔬菜容易发芽腐烂等。

通过对山东省地窖现状的调研分析，我们认为需要对传统地窖进行再认识，并发挥传统地窖在农业“双碳”中的作用。

第一，利用现代化的技术手段进行改造。利用现代化的技术手段设计结构更加合理、成本低廉、绿色节能的改良地窖。基于山东省气温气候分布与蔬菜产地分布特点，我们通过探究不同蔬菜产地气温气候条件，结合蔬菜自身最佳贮藏温度，进行地窖建造区域的可行性分析。分析环境影响因子如温湿度变化、自然环境风力和风向对地窖温湿度的影响等机制，提升地窖的利用效率。对窖内温湿度控制、动力转换、保温材料和信息传感感知等运用现代科学技术进行改造优化。

如国家农产品现代物流工程技术研究中心依托农业农村部和山东省

农业农村厅在山东省泗水实施的自然冷源与机械制冷相结合的地窖改造工程。研究团队结合泗水地区环境温度以及甘薯、生姜适宜贮藏温湿度条件，通过引入自然冷源并添加温湿度控制系统的方式，建造自然冷源和机械制冷双向自动切换的保鲜地窖，从而达到低成本、节能低碳的目的。

第二，探索构建保障城市居民菜篮子供应的物流新模式。我们建议利用智能信息技术，将分散的地窖贮藏节点集中管理，探索构建保障城市居民菜篮子供应的物流新模式；将地窖作为果蔬物流过程中的仓储节点，发挥农商对接联合经营的优点，通过建立果蔬管理信息平台，将各个农户分散的地窖联合起来，统一管理，统一配送。地窖可以起到大型配送中心的作用且具有投资少、见效快、低碳环保、超低消耗等特点。

地窖分散在农民家中，要想使其实现发挥配送中心的作用，就必须要将这些分散的地窖集中管理。在一个村子或者几个村子成立农村联合经营实体，统一管理这些地窖（包括货物的储存、货物的加工、货物的配送等）。对外，农村联合经营实体就是一个大型配送中心，可以统一组织货源进行储存、加工和配送等；对内，农村联合经营实体内有许多分散的农户地窖进行货物储存，集中加工后然后统一配送。这种工程投资少，见效快，而且低碳环保，超低消耗，远比功能完备的大型配送中心实惠。只要将地窖的经营与农村实际情况、信息网络等紧密联系起来，发挥各自优势，就能够创新出一个保障城市居民菜篮子供应的、实用的新的物流模式。

第三，政策上支持引导，并加大金融支持力度。2020 年中央一号文件要求，启动农产品仓储保鲜冷链物流设施建设工程。农业农村部为此专门印发了实施意见，做出了全面部署。2021 年中央一号文件再次提出要加快实施农产品仓储保鲜冷链物流设施建设工程，推进田头小型仓储保鲜冷链设施，打造 50 个全国产地仓储冷链试点。农村贮藏地窖建设是农产品产地仓储保鲜冷链物流环节的建设内容之一。各级农业农村部门应充分支持和引导群众利用好这些政策。

另外，政府要为金融机构、担保机构提供奖励、贴息补贴、税收优惠、风险补偿等，推动多个参与方加大对绿色金融的投入。政府引导银行、信贷担保等金融机构开发专用信贷产品，为农产品仓储保鲜冷链设施提供优惠贷款、担保等政策，充分调动新型农业经营主体建设积极性，放大中央补贴政策效应。如山东省农业农村厅对接省农担公司，创设了“仓储保鲜冷链设施贷”为实施主体减负，为工程建设赋能，探索完善仓储保鲜设施农业金融保险对接功能，助推产地冷链物流基础设施建设，全方位保障产地农产品共同配送体系建设。

建议完善专业化物流装备与设施认证体系

早在计划经济时代，国家基于规范制冷设备制造市场、保证产品质量的考虑，建立了制冷设备制造许可证制度。这一制度在制冷设备推广应用初期，起到了规范行业市场行为的作用。随着冷链物流与保鲜技术研究的不断深入，行业对冷链物流装备的需求更加多元化，制造许可证制度在实施的过程中逐渐显现出一些弊端，主要表现为：

首先，制造认证主要基于对设备本身在冷凝温度、蒸发温度，冷却水流量等设计工况下的制冷量、压缩机电机功率等运行参数的检测结果合格与否来展开；而制冷设备能否真正有效地应用到实践，应该在温度、湿度、气体成分等农产品所在环境条件下进行系统考量才有意义。其次，政府部门作为认证主体存在收费合理性、定价标准性等一系列问题。最后，国外非安全领域制冷设备的认证检测是通过市场化的第三方机构来实现的，我国冷链物流装备与发达国家在制冷设备能耗等方面的标准差异较大，装备较难与国际接轨，对外贸易受到影响。

基于上述弊端，2018 年 9 月《国务院关于进一步压减工业产品生产许可证管理目录和简化审批程序的决定》(国发〔2018〕33 号)，明确制冷设备不再属于工业产品生产许可证制度管理范围。早在2017年，国家也明确鼓励第三方认证检测机构对制冷设备进行认证检测，实际并没有达到预期效果。存在的问题主要表现在：

一是认证检测指标不系统。尽管检测部门由原来的政府主导变成了第三方认证检测机构，但是检测指标跟过去一样，依然较多关注检测制冷设备本身的运行参数。冷链装备涉及制冷技术、保温防潮技术、电气与自动控制技术、给排水技术等十几个方面的内容，而制冷设备运行参数只是其中一个方面。完善的认证指标不仅涵盖冷链物流装备所使用的制冷设备，还应包含装备围护结构的保温、防潮，以及所保鲜的农产品所需要创造的环境，如湿度、气体成分、杀菌，乃至于保鲜工艺和整个装备的可靠性等方面。即使是制冷设备的认证，也并非像制造许可证检测认证仅限定于制冷设备的运行工况（蒸发温度、冷凝温度）下的制冷量是否满足，还应考虑蒸发温度所导致的保鲜农产品的失水率等体系性检测、认证。

二是认证检测与市场不接轨，认证检测标准目录不完善。目前冷链物流装备认证检测产品所依据的仍然是制冷设备制造许可证检测认证目录，这些目录产品涵盖的是已经应用的传统制冷设备产品，诸如风冷冷凝器作为冷却设备的风冷制冷机组、以水冷冷凝器作为冷却设备的水冷制冷机组。但是近年来不断出现的一些新专利技术产品，由于认证目录没有收录，目前还不能生产，就更谈不上进行检测、认证。如某企业自主研发的蒸发式冷凝及冷却装置蒸发式冷凝器和应用蒸发式冷凝器的制冷空调机组及其控制方法的两款发明专利技术产品，不仅解决了冷却塔及蒸发式冷凝器的结垢、军团菌滋生与传播等问题，而且在节能、环保等各方面有着巨大的优势，符合低碳减排等环境要求。但这两款产品由于认证检测标准目录没有收录，也就无法被检测，这种状况阻碍了科技成果进一步的转化落地。

三是认证机构还没有找到一种有效经营模式，业务难以为继。国务院取缔制造许可证强制认证以来，第三方制冷设备制造许可证认证单位的收入滑坡，亏损严重。一方面设备生产企业为节省开支，不去认证；另一方面国家对积极参加认证的企业，目前也没有配套优惠鼓励政策。

为完善专业化物流装备与设施认证体系，我们建议：

第一，完善建立专业化认证机构实施认证。国家市场监督管理总局和国家认证认可监督管理委员会授权一批具有可靠执行认证制度的必要能力，并在认证过程中能够客观、公正、独立地从事认证活动的机构。这类机构应该由农产品贮藏保鲜技术、制冷设备技术专家团队密集的农产品冷链研究科学院所牵头，与具备资深冷链装备研究专家及制造企业共同成立一个冷链装备认证中心。

认证认可要“有标可依”。认证实施主体要建立一套涉及预冷装备、冻结装备、贮藏保鲜装备、冷链运输装备设施以及制冷设备等的产品名录，并制定系列列入产品名录的评价标准、规范，形成一套关于质量与安全的评价认证标准体系，在完善评价标准制定的基础上开展冷链设施的评估。认证主体要能够实现对不同农产品品种、不同应用条件下的预冷设备、冷链车辆、冷库、冷柜、保温材料等设施以及制冷设备性能、能效、安全、排放、自动化程度、控温精度、温度可追溯等多项指标进行检测、认证、评级。同时，为实现“双碳”目标，认证主体需开展冷链设施环节中冷库的绿色认证工作，结合绿色建筑相关评价标准对冷库开展包含绿色设计、绿色施工、绿色运营方面的认证，建立市场准入机制，淘汰等级指标过低的装备。

第二，建立科学的运行机制和模式。一方面政府要有宏观指导。冷链装备第三方检测认证和网络推广平台都需要投入大量资金和技术人才储备，需要得到政府资金扶持和政策扶持。政府可以采取资金补贴的办法，比方说按照硬件投入（检测设施、仪器仪表、平台设施、网络建设）费用的30%予以补贴，也可以政府引导投资机构进行投资，投资比例按照2∶8；持股比例按照8∶2。政策扶持，厂房租赁可以三年免费，优惠购买土地等措施。另一方面建立科学有效的认证运行模式。建议认证中心运行模式为下设冷链装备的检测认证部和冷链装备网络营销平台两部分，凡是通过认证的单位和产品，均可以纳入网络平台进行推广销售。这样不仅可以大幅度降低第三方检测费用，使所有从事冷链装备生产的企业都能负担得起，而且对于通过认证的真正符合农产品冷链保鲜要求的装备，我们可以通过平台向市场推广、销售，提高企业销售收入，也能起到对符合农产品保鲜要求的冷链装备市场的引领作用，逐步提高我国农产品冷链保鲜水平。

第三，建立规范的认证流程并严格执行获得认证后的监督管理。冷链装备的认证方式由冷链装备生产企业向认证中心申请，认证中心接到申请后，按照认证中心规定，向冷链装备申请认证企业提供冷链装备认证规范、企业管理体系调查表格、申请认证冷链装备调查表格。认证中心接到冷链装备申请认证企业填写的调查表格后，初步审查合格，向企业发出现场审查、测试计划和审查、测试条款要求，现场审查合格后，颁发通过认证的冷链装备证书，并予以公布。

第三方机构根据《中华人民共和国认证认可条例》《强制性产品认证机构、检查机构和实验室管理办法》（质检总局令第 65 号）等文件，定期开展复评认证，对于通过认证的企业，由认证机构发放相关标识证书，并进行社会公示。同时，也要加强对专业化认证机构的认证资质进行定期审核和复评，确保认证机构的权威性。

第四，第三方认证机构抓住机遇，与市场需求接轨，提升认证含金量。第三方认证机构应致力于符合市场的实际要求、与国家标准化接轨的企业的专业性、规范性认证。认证机构让产品制造企业感受到认证有利于拓展市场，提高市场占有率，让产品使用者感受到应用通过认证的产品，能够有效地延长产品的保鲜时间。提高保鲜产品的质量，有利于实现异地销售、错峰销售、异季销售，乃至拓展国际市场。如美国制冷空调协会的 ARI 认证就是民间第三方认证，尽管收费很高，但是全球所有的有一定规模的空调企业，都致力于进行 ARI 认证，因为行业都知道 ARI 检测认证极其严格、要求极其高，它是全球暖通领域最权威的认证，通过这个认证说明产品质量是全球第一流。

建立安全可靠的全链条数据共享平台，推动冷链物流行业实现数字化转型

2021 年《国务院办公厅关于印发“十四五”冷链物流发展规划的通知》明确提出了 21 项工程建设规划，其中包括“冷链物流数字化发展工程”“冷链食品追溯监管体系建设工程”和“医药产品冷链物流追溯体系建设工程”。规划要求相关部门从推进“硬件”即冷链设施数字化改造和完善“软件”即专业冷链物流信息平台两大方面入手，加快我国冷链物流数字化发展步伐。得益于近年来国家对冷链行业的政策、资金等各方面支持，大型冷链物流企业已经实现了设备设施数字化建设和改造，但是在冷链物流数字化建设的落地层面依然存在很多问题：

一是企业内部缺乏数字化转型的顶层设计，形成了企业信息孤岛。企业在推动自身信息化系统建设决策时，没有从数字化转型的整体性来推动信息化系统建设，企业部门之间的信息壁垒转化成企业不同信息系统之间的壁垒。例如，某大型冷链物流企业作为某冷链商品生产企业集团的下属企业，自有冷藏车队数百辆，关联的外协冷藏车运力 100 多辆，整体实力雄厚。该企业积极响应国家“十四五”冷链发展规划，围绕冷链数字化投

入大量资金进行温度传感器、温度记录仪、无线射频识别（RFID）电子标签及自动识别终端、监控设备、电子围栏等设备的安装与应用，建立了多个系统，有企业资源管理系统实现订单对接、有用于过检的车辆监控系统、有用于考核司机的车辆主动安全系统、有采用便携设备监控冷藏车的温度监控系统、有用于优化线路的智能调度系统、有用于开具运输发票的网络货运平台系统等。但是这些系统都相对独立，相关物流信息在企业内部尚未进行数字化整合，在企业内部形成信息孤岛。冷链设备设施数字化建设和改造的根本作用没有得到充分发挥。

二是企业之间缺乏数据共享平台，造成数据链脱节。冷链商品的流通通常是由供应链上下游相关企业共同完成的，但是上下游企业以独立运营为主，企业之间缺乏组织协调和资源共享。跨企业的冷链数据整合难度大，缺乏信息管控和综合交易平台的支持，在大生产、大市场的环境下，冷链数据无法对接势必造成信息流、商流传递不流畅，这不仅阻碍了农产品冷链物流的发展，更造成了运营成本的提高和资源的浪费。例如，山东省荣成市拥有生态养殖面积 56 万亩，国家级海洋牧场 11 处，水产品年产量 172 万吨，水产品产量和总收入稳居全国县级渔业首位。出于各种原因，企业在水产品“远洋捕捞—海上冷冻保存—冷链运输船运输—港口转运或分销—冷链仓储企业—冷链配送车辆—批发市场—商超、饭店、高校”冷链流通全产业链中，没有对客户及上下游伙伴公开或共享冷链物流过程中如温度、湿度等重要数据，各环节真实温控数据交接率较低，信息不对称，造成水产品在运输过程中损耗大、效能低。

三是整个行业尚未建立数据风险安全保障机制，数据价值呈现受限。调研发现，不管是货主企业还是冷链物流企业，为了规避企业管理漏洞风险，一般不愿意分享冷链过程数据。例如，有的企业冷库没有封闭月台，有的企业装车前没有严格执行车厢预冷规定，有的企业运输过程中为节省能耗间歇性地不打冷，这些情况都会导致冷链温湿度数据出现异常，一旦将数据分享给客户，企业则面临投诉，甚至处罚。另外，一些技术性风险事件也导致企业不愿意共享冷链数据。例如，冷库面临停电、设施故障等不可控因素导致的库内温度异常，冷藏车在运输过程中也难以避免因经停信号盲区、设备故障等导致的冷链数据丢失情况。

面对冷链物流数字化发展存在的上述问题，我们建议先让一批具有相当规模、基础设施条件好的冷链物流头部企业实现数字化发展，带动其他小型企业，进而推动整个冷链物流行业的数字化。具体建议如下：

一是加强政策性引导，企业要顺势而为。冷链物流数字化发展是大势所趋，交通运输部等部门应在调研基础上，根据冷链物流企业不同发展阶段（如起步阶段、上升阶段、稳定阶段或转型阶段等）制定数字化发展指导意见，通过全链条数字化来提升商品流通的冷链品控能力，实现业务运营降本增效。另外，冷链物流数字化建设一定要与企业运营业务流程紧密结合，对于冷库管理，要用数字化赋能冷库库内管理和库位管理；对于贸易结算，要推动数字技术与传统服务贸易深度融合，打破传统服务贸易限制，降低交易成本，提升交易效率；等等。例如，在山东省农业农村厅海洋强省项目资助下，国家农产品现代物流工程技术研究中心科技创新团队联合山东海洋现代渔业有限公司围绕水产品冷链物流领域“冷产、冷储、冷运和冷销”四大环节中面临的数据元规范不统一、数据传输断层、冷链数据应用不充分、冷链断链应急预案不科学、终端消费冷链数据应用等问题展开水产品冷链物流工程体系创新研究与应用实施。截至 2021 年 11 月，他们已基本形成了“集装箱到岸—冷运至指定仓库储存—加工厂暂存—流通加工—冷运至指定仓库—冷链配送”的水产品冷链物流全链条数据采集制机。在冷链配送的前一个环节，数据被处理后形成冷链数据二维码，后期在包装上进行打印粘贴。这样就能让消费者对产品的温度数据做到自主查询，最终实现销售环节中冷链数据的展示和应用。

二是统筹规划建立数据共享平台。我们建议推动专业冷链物流信息平台间数据互联共享，打通各类平台间数据交换渠道，提高冷链物流信息对接效率。大力支持国家骨干冷链物流基地和产销冷链集配中心建设运营主体搭建专业冷链物流数字化管控平台，广泛集成区域冷链货源、运力、库存等市场信息。通过数字化方式强化信息采集、交互服务功能，为冷链干线运输、分拨配送、仓储服务、冷藏加工等业务一体化运作提供平台组织支撑，实现货品的统一调配。另外，鼓励商会、协会、骨干企业等搭建市场化运作的冷链物流信息交易平台，整合市场供需信息，提供冷链车货匹配、仓货匹配等信息撮合服务，提高物流资源配置效率。

三是强化数据风险安全防控措施。建立数据管理体系、利益分享机制和营造有利于大数据分享的环境，支持和鼓励企业通过采用一些先进技术，比如区块链、联邦计算等来解决数据安全防控问题。做好定义元数据，建设数据库等基础性工作，实现数据管理层面接口的多样性兼容性，确保共享出的数据能被其他方正确解读。完善利益分享机制，鼓励冷链物流产业链条上的企业积极参与数据共享。引导冷链物流协会等部门规范数据确权、共享标准、隐私数据保护、数据安全保障等一系列工作。另外，金融机构与数字化供应链企业、金融服务平台加强合作，围绕数字化运单、仓单、设备资产等进行数字化确权、风控，进行金融产品和服务创新，提高企业融资效率。

关于推动"新宠"预制菜产业发展的建议

预制菜一般是指将各种食材配以辅料，加工制作为成品或半成品，经简易处理即可食用的便捷风味菜品，主要包括即食、即热、即烹、即配四种类型。随着"宅经济"兴起，尤其是居家用餐需求大幅增加，预制菜产业快速增长，呈现从小到大、由散到聚的发展态势。从企业数量看，目前相关企业已达 6.67 万家。从市场规模看，《2021—2022 中国预制菜行业发展报告》显示，2021 年全国预制菜市场规模超 3000 亿元，预计 2025 年突破 8300 亿元。在未来 6—7 年有望达到 3 万亿元规模。

与此同时，各省市都在力图把握机遇，聚焦优势，加力突破，抢占预制菜产业发展制高点。如广东省发布《关于加快推进预制菜产业高质量发展十条措施》，从研发平台、产业集群、企业培育、配套设施等方面支持预制菜产业发展，启动全国首个"预制菜大卖场"。江苏省开展预制菜放心消费行动，加紧制定预制菜标准，树立预制菜示范企业和特色菜点品牌形象。2022 年山东省政府第三批"政策包"中，从要素保障、电商营销、活动促进等方面，明确了支持预制菜产业发展的相关政策；发布全国首个《预制菜通用设计实施指南》团体标准，成立山东预制菜产业联盟。潍坊、淄博、临沂等农业优势大市已迅速行动起来。潍坊在全国地级市中率先出台预制菜产业高质量发展三年行动计划，打造“中华预制菜产业第一城”。

预制菜产业前景虽然可观，但国内预制菜行业依然面临着不小的挑战，存在的短板和制约分析如下：

一是冷链仓储物流等配套不能满足需要。冷链仓储方面，预制菜对低温运输要求高，需要先进的仓储物流体系及冷链运输技术支撑。目前山东省现有冷链物流体系还不够完善，冷藏设施分布不够均衡，与预制菜适配的专用冷链物流运力较差，第三方冷链仓储企业特别是知名冷链物流企业较少。食品机械制造方面，相关设备与预制菜产业契合度不高，切、削、成型等关键设备基本仍靠进口。

二是全链条质量安全监管体系尚有缺位。预制菜从原材料采购到加工销售，品控风险点多。种养端，订单式种养少，与预制菜需求端联系不够紧密，未形成相对稳定的特色种养集群。化肥、农药使用问题没有彻底解决，土壤有机质下降。加工端，个别生产经营者自律意识不强，质量安全主体责任落实不到位，产品不合格现象时有发生。检测端，预制菜检验检测大多内嵌于企业内部，专业化检验检测机构偏少，检测项目基本以农残速测为主，存在“检不准、检得慢、检得少”等问题。

三是研发创新突破和要素创新保障发展不足。大多数预制菜企业缺乏全链条技术集成研发创新能力，在营养搭配、菜品研发、包装创新、智能配送等方面仍有很大改进空间。创投风投跟进不足，资金筹措主要依靠银行贷款。

为此，建议：

一、大力推进配套服务支撑发展

一是推动预制菜高效仓储冷链物流体系建设。发挥国家骨干冷链物流基地作用，构建预制菜流通体系。支持冷链仓储配送服务发展，依托农业物流园等，布局建设一批智能化冷库区、常温库区，打造集低温加工、仓储保鲜、冷链配送于一体的冷链物流体系。引进培育一批跨区域预制菜仓储冷链物流龙头企业。

二是提高预制菜智能化、自动化生产水平。支持预制菜企业实施数字车间、智能工厂改造，推动原料清洗、切配、包装等环节机械化、自动化、数字化升级。引导有实力的食品机械装备企业，开发智能炒菜机器人、万能蒸烤箱等预制菜生产设备，提供设计、定制、服务等"一揽子"解决方案。

三是推行"原料基地＋中央厨房（预制菜）＋物流配送"等产业模式。支持各地建设中央厨房（预制菜）产业园，加快中央大厨房示范项目建设，打造全国知名预制菜加工基地。

二、大力推进标准化和安全发展

一是开展预制菜全产业链标准体系建设试点。制定食品安全地方标准、分类基础标准、品质评价检测标准等基础通用标准，形成具有地方特色的预制菜产业标准体系。建立预制菜营养品质量化评价模型，建立地方菜系等风味数据库，突破标准化加工关键技术，实现"手工经验"向"标准化"跨越。

二是加强预制菜全链条质量安全监管。探索建立供应链质量安全评估制度，运用区块链技术创建预制菜质量码，实现从地头到餐桌全过程可追溯。

三是探索建立预制菜产业统计监测体系。将预制菜产业纳入全省统计数据发布的重要内容，准确反映预制菜产业生产、加工、物流、营销等全产业链价值。建设全省预制菜大数据平台，推动预制菜信息"一网统管"，为产业分析、行业监管、供应链服务等提供大数据支撑。

三、大力推进研发创新突破和要素创新保障发展

一是支持预制菜联合研发平台建设。支持建设省级预制菜研发创新中心，突出功能性、便利性、保健性，研发创新西餐、融合菜等菜品菜式，形成新菜品定期发布机制。支持建设预制菜产业技术研究院，设计开发新装备、新厨具、新餐具。依托全国蔬菜质量标准中心，筹建中国预制菜交易指数服务平台。

二是支持预制菜研发重点实验室、工程技术研发中心建设。对新认定预制菜企业技术中心、重点实验室、工程研究中心、技术创新中心等，给予资金奖励。对国家认定预制菜院士工作站、博士后科研流动站，"一事一议"扶持。

三是支持预制菜产学研联合攻关。建立预制菜原料和菜谱数据库，加强原料半成品加工与贮存技术、新形态新品类、原料筛选培育等系统性研究。支持以企业为主体开展关键核心技术联合攻关，加快推动预制菜全产业链研发成果及技术转化。加强预制菜产业知识产权保护，对获得高价值专利给予奖励。

四是大力培养预制菜产业人才。把预制菜人才培养纳入高校人才培养计划，引导高校和职业院校对接企业需求，开设预制菜相关学科，增加高素质技能人才供给，开展电商直播、市场营销、物流配送等职业技能培训。

五是大力推进要素创新保障发展。财税方面，设立省级预制菜产业发展基金，遴选一批预制菜骨干企业，定期向省级基金推荐。符合财政股权投资条件的，优先采取股权投资方式进行支持。支持预制菜项目申报地方政府专项债券。金融方面，大力发展预制菜供应链金融，鼓励金融机构开发预制菜金融专项产品。组织资本专场对接活动，支持优质预制菜企业上市融资，探索新三板挂牌绿色通道。保险方面，推行"信用＋担保"模式，鼓励担保、保险机构推出一批面向预制菜产品专项担保、保险、增信产品。

关于进一步提高农产品产地市场冷链物流效率的建议

2020年我国启动实施了农产品仓储保鲜冷链物流设施建设工程。两年多来，农产品产地冷藏保鲜设施建设进展顺利，取得了阶段性成果。目前该工程已经覆盖全国约1800个县市区、2.2万个村，县级覆盖率63%。目前山东省已经累计获得中央补助资金超过12亿元，建设农产品产地冷藏保鲜设施达到5110个，新增库容达到700万m^3。从政策效果上看，全国农产品产地冷库库容等显著增加，从设备实施等硬件建设上起到了补齐农村产地物流短板的作用；对有效延长果蔬销售周期，促进错峰销售，增强主体议价能力和产业抗风险能力，为农户“丰产又丰收”提供了有力保障，有效发挥应急仓储作用，为特殊时期稳供保价提供支持。目前，该项目还存在以下不足：

一是产地仓储设施建设布局缺乏统筹规划。“仓储是速度为零的物流，节点布局非常关键，但它可以不赚钱”这是业内共识。仓储作为物流环节中的一个节点，和上下游的集约、协同经营必然是趋势。2022年7—8月，财政部、山东监督局和农业农村部对山东省农产品产地冷藏保鲜设施项目开展了绩效评价，共抽查了五市六县。总体来看，青岛、东营、日照、滨州等市项目实施较好。但有些地方在实施仓储保鲜冷链物流设施建设工程时未能充分统筹规划田头仓储设施、产地冷链集配中心、国家骨干冷链物流基地等国家冷链物流服务网络之间的整体产业规划布局，导致产地仓储设施成为一个孤立的物流节点。而该节点如果不能与上下游各节点衔接贯通，不仅不能顺利实现农产品“出村进城”，更无从谈起实现农产品始终在适宜温度下换装和运输“不断链”。

二是产地交易处于弱势。调研发现，农村电商覆盖面不高，已成为直播电商、短视频电商等产地销售新模式发展的最大短板。截至2022年6月，我国农村互联网普及率为57.6%，仍低于城镇的82.9%，中西部地区表现尤为明显，虽然省市县乡基本实现了互联互通，但信息传输在进村入户环节出现“梗阻”的情况仍然存在。在移动互联网时代，5G在农村的覆盖仍然任重道远。尽管一些经营主体开展了直供直销等短链流通业务，有些合作社通过在销地批发市场建立档口或与档口建立合作关系，减少了流通环节，提高了效率。但总体上，我国农产品产地流通的组织化程度较低，多数农户仍然以分散经营为主，既缺乏横向的“联产联销”和冷藏保鲜设施“共建共享”，更缺乏纵向的“以销（消）定产”，“先产后销”“待采待销”现象十分普遍。

三是产地仓储设施综合使用效率和运营成效低。调研发现，受土地细碎化和一地多品种等特性限制，农户的种植、采摘与采后加工难以形成规模化，在生产淡季和原料资源不足时，冷库等设施往往处于闲置耗能，甚至废弃状态。由于单位面积冷库耗能一定，高闲置率导致冷库无效耗能占比大，部分产地冷链设备年闲置率超过50%。有些地方甚至未按照要求落实国家农业生产用电价格政策，造成项目运营成本居高不下。

为此，建议：

一、加强产地市场的中转联运和干支衔接

一是支持商贸物流龙头企业或者物流园区联合快递企业，建立功能齐备的县级冷链物流集配中心。围绕县域主导产业，在每个县（市、区）至少建设1个具备加工、质检、分级、包装、冷储、冷运等功能的县级冷链物流集配中心，满足平时冷链库容需求。如2022年，广西供销投资集团有限公司联合广西现代物流集团等物流龙头企业，依托国家农产品产地冷藏保鲜整县推进试点项目，采用新建、改造等方式，整合供销、邮政快递、交通运输、电商物流现有场地、设施、网络、信息技术等资源开展建设县级冷链物流集配中心。

二是依托冷链集配中心，大力发展公路冷链专线运输、干线运输。试点开行铁路冷链班列，探索特色农产品冷链航空绿色通道和高铁冷链专列，加强标准化冷链物流运载单元和冷链载器具推广应用，推动冷链物流干线运输与区域分拨配送业务高效协同发展。2022年9月，广东省人民政府办公厅印发《广东省推进冷链物流高质量发展“十四五”实施方案》提出要探索开通荔枝等特色农产品冷链航空绿色通道和高铁冷链专列。依托广州白云、深圳宝安、珠海金湾、揭阳潮汕、湛江吴川等枢纽机场，大力发展面向高端生鲜食品、医药产品的航空冷链物流。

三是支持构建干支线运输冷链物流服务网络和信息平台，打通县级仓配中心与省级、地市州级仓配中心的调运配送。通过加强数字物流基础设施建设，推动货物、货运场站、运输工具、物流器具等物流要素数据化、信息化，促进物流大数据采集、分析、应用，推动智慧物流组织模式创新。支持物流企业积极应用互联网、大数据、云计算、物联网、人工智能等技术，建设有效串接产业链供应链环节、物流运作环节、生产流通环节的物流信息平台。加强各类物流公共信息平台建设，加大运输、仓储、配送等环节的物流信息整合力度，推动铁路、公路、航空、水运、海关等信息开放共享，鼓励物流重点企业、物流园区与政府公共信息平台数据共享，推

进区域间和行业内信息互通。

二、充分发挥电商企业在信息整合服务中的优势，拓展产地直供直销、直播带货等销售模式

一是县级主管部门应支持农产品电商企业通过低价拼团、小程序、直播电商及产地直供等方式加快向农村地区下沉渗透。在冷链物流集配中心等产地冷链物流节点，集中建设全县统一的农产品电子商务孵化平台，开展“平台企业＋农业基地”“平台企业＋经销商”“平台企业＋集配中心”等农产品电商业态，畅通产销对接。

二是由商务部门牵头，联合农业、人力资源、大数据中心、质监等部门构建区域主要农产品数据信息中心，把农产品从生产端到消费端的种植养殖、收获、仓储、运输、销售等全链路数字化，实现对农产品整条供应链的科学评估、精准监管与高效服务。围绕农产品线上出村进城，为新型农业经营主体提供电商规划、产品开发、包装创新、店面设计、数据分析、市场营销、品牌培育等一站式服务，提高农村电商应用水平。

三是支持新型农业经营主体充分利用冷链仓储设施和配套商品化处理设施设备，拓展直供直销、直播带货等新业态新模式。采取政府牵线、宣传推介、公开名录等多种方式，加强产地冷链集配中心与连锁商超、批发市场、机关团体、大中院校、居民社区、加工企业等主体对接合作。通过建设直销专柜、直营门店、单位配送网点、社区直取网点等终端网点，发展农超对接、农批对接、农企对接、农校对接、农社对接等产地直供直配模式，推动农产品产地直供与销地直采双向融合，减少农产品流通环节，拓宽农产品上行渠道，优化农产品采购供应链。

三、创新产地市场的冷链设施运营模式

一是完善运营方式，充分发挥冷链设施公益职能。产地市场根据市场建设经营情况和地方实际，创新入股参股、公建配套、委托经营等多种冷链及配套设施设备建设运营方式，增强政府直接对市场冷链设施的控制力，保障市场按照政府要求发挥冷链设施应急保供、价格形成、信息公开发布等公益职能。

二是支持农产品产地市场，以冷链物流、商品化处理等设施设备为依托，拓展全链条服务领域。支持农产品产地市场在满足自身经营需求的前提下，开展产后加工、市场营销、冷链仓储、城乡配送等专业化、社会化服务。在此基础上，结合当地农业全产业链发展实际，拓展农资供应、农机销售业务，提供农技推广、农机作业、代耕代种、信用管理等全链条服务，引入金融机构，开展农业保险、信贷等服务业务。如山东省农业融资担保有限公司搭建的冷链产融平台助力“三农”，为应对疫情对畜牧产品的影响，十天之内在济青高速潍坊西服务区的闲置用地上完成了移动冷链设施部署，并与山东省农业银行共同开发了金融产品，实现了客户货能存、钱能贷，银行愿贷，农担公司敢担、多担等多方共赢的目的。截至2022年8月，公司累计为山东全省20.9万户农业经营主体提供担保贷款1185亿元。

三是支持产地冷链集配中心和相关产业链企业，向提供规模化、专业化、标准化的高质量冷链物流服务转变。支持配套冷链物流设施装备企业，从满足自身发展需求向提供专业冷链服务转变，完善冷链物流设施装备，创新发展移动冷藏设施巡回租赁，低温加工、低温仓储、低温配送，冷链物流一站式服务等多种服务业务，建立“移动冷库+集配中心”等新型运营模式，提高冷链设施装备利用率，促进农产品冷链流通规模化、标准化。

关于加快构建预制菜质量安全监管体系的建议

预制菜是农村一、二、三产业融合发展的新模式，是推进“菜篮子”工程提质增效的新业态，是农民“接二连三”增收致富的新渠道，对促进创业就业、消费升级和乡村产业振兴具有积极意义。近年来，我国预制菜产业发展迅猛，艾媒咨询数据发布的《2022年中国预制菜产业发展白皮书》显示，2022年我国预制菜市场规模达4196亿元，同比增长21.3%，预计2026年市场规模将达10720亿元。2023年中央一号文件中也提出“提升净菜、中央厨房等产业标准化和规范化水平。培育发展预制菜产业”。预制菜吸引了大量规模企业和风投资金涌入，短短几年时间，预制菜产业迅速实现规模化、集约化，产品品种不断丰富，市场规模不断扩大，有望成为“下一个万亿元级市场”。然而，在预制菜产业迅猛发展的同时，也产生了准入门槛不高、质量标准不完善和监管体系缺乏等问题。因此，通过加强安全监管来防范风口之上的预制菜产业风险，已成为一个亟待解决的课题。预制菜产业存在的问题具体表现在：

一是准入门槛不高。安信证券《2022年预制菜行业深度报告》表明随着预制菜行业快速发展，大量市场主体涌入，70%左右预制菜加工企业处于小、弱、散的状态，不少是个体工商户和作坊式的生产加工模式，很多预制菜商家资质不全，甚至没有资质。由于预制菜行业准入门槛不高，生产企业鱼龙混杂、生产条件参差不齐，由此生产的预制菜在味道、分量和卫生等方面与消费者的预期有很大差距。

二是质量标准体系不完善。截至 2022 年 11 月，现行具有编号的预制菜标准有 69 项，其中地方标准 3 项、团体标准 43 项、企业标准 23 项，缺乏引领性的国家标准和行业标准。各地方按当地食品加工的标准来衡量，导致规范准入条件不统一，对预制菜原材料、加工工艺、包装标识、储存冷链运输以及微生物、添加剂、农药残留指标等规定边界不清。在标准缺失的前提下，以资本为主导的预制菜企业更看重短期利润，在食材选用、添加剂选择、工艺流程等方面趋向于低标准。另外，由于标准的缺乏，一些安全标准不高、品质定义和宣传不清晰的产品进入市场，误导消费者，导致目前预制菜市场价格比较混乱，有些商家借助网红主播假意压低价格，降低质量标准，造成物美价廉的假象，在短时间快速销货圈钱。

三是监管体系缺乏。预制菜行业属于新兴行业，从原材料到加工再到出售的时空跨度较长，涉及原材料挑选、原料加工、冷链运输、营销零售等多业务、多环节联动与协作，由此形成了多个品控风险点，而配套监管体系尚未建立。如在原材料种养环节，订单式种养少，与预制菜需求端联系不够紧密，未形成相对稳定的特色种养集群，存在化肥、农药使用、土壤有机质下降等风险；在加工环节，由于个别生产经营者自律意识不强，质量安全主体责任落实不到位，产品不合格现象时有发生；在检测环节，由于预制菜检验检测大多内嵌于企业内部，专业化第三方检验检测机构偏少，检测项目基本以农残速测为主，存在“检不准、检得慢、检得少”等问题。因此，需要进一步加强对预制菜品市场的监管，严把产品质量安全关。

为此，建议如下：

一、规范准入门槛，建议尽快建立国家层面的预制菜生产许可证制度，规范行业准入门槛

2023 年 1 月 13 日，沪苏浙皖三省一市市场监管局联合发布《关于印发‘长三角预制菜生产许可审查指引’的通知》，在全国率先制定了一体化的预制菜生产许可审查指引，有利于长三角区域统一预制菜生产操作规范，助力推动区域内预制菜生产行业实现高质量发展。同月，上海市市场监管局发布了全国首个真正意义上的预制菜领域生产许可审查规范性文件《上海市预制菜生产许可审查方案》，该方案明确了上海市范围内 8 大类 23 小类食品纳入预制菜范围，速冻、冷冻、冷藏、常温预制菜确认了相应生产许可分类目录及审查依据，特别增设了“其他食品：非即食冷藏预制菜”品种明细，助力上海率先实现预制菜全品类产品的准产落地。

二、完善质量标准，建议围绕预制菜全产业链建设配套完善的标准体系，加快标准细化，精准治理，严格规范预制菜的价格和质量

预制菜产业是食品与烹饪等多学科的交叉，涉及一、二、三产业融合。例如，第一产业应制定适合预制菜加工的食材标准、种养技术规范，第二产业要明确预制菜原料采收、保鲜和初加工技术规程、方法标准，第三产业则需完善预制菜细分品类的产品标准、服务标准等。

三、健全监管体系，建议逐步形成包含监管部门、行业协会以及媒体、互联网平台等多方面多层次的监督治理体系

地方政府既要为预制菜新业态提供包容的监管环境，更要防控可能出现的安全风险。首先，明确责任部门与市场监管、卫生监管、价格监管等部门强强联合，明确各自分工，打通管理渠道，多措并举，齐头并进，严

抓严管；其次，出台相关监督管理条例和处罚机制，推动预制菜生产企业落实食品安全主体责任，制定问题产品召回和处理方案、食品安全突发事件应急处置方案；再次，开放问题反馈渠道，加强舆论监督，及时处理老百姓反馈的问题，形成大众监督的良好氛围；最后，支持行业协会等社会组织发挥作用，以龙头企业及产业联盟为依托，制定“企规行约”，提高行业自律、自我发展水平。

加强基于单元化载器具的农产品多式联运体系创新的建议

近年来，国内农产品流通正在兴起公铁联运、海铁联运、公水联运等多式联运组织模式，单元化器具为农产品多式联运提供了一种一站式新载体。2021 年，国务院印发了《“十四五”现代综合交通运输体系发展规划》，提出“推动集装箱、标准化托盘、周转箱（筐）等在不同运输方式间共享共用，提高多式联运换装效率，发展单元化物流”。同年，国务院办公厅分别印发了《“十四五”冷链物流发展规划》和《推进多式联运发展优化调整运输结构工作方案（2021—2025 年）》，提出：“推广应用标准化运载单元，加强技术装备研发应用，提高技术装备绿色化水平。”“促进运输载器具单元化，打造‘321’冷链物流运行体系。”

美国、欧盟部分国家以及日本等国基于标准集装箱的第一代多式联运体系不仅引发了航运业的集装箱化变革，而且其高效率、低成本的转载模式促进了经济全球化。德国多式联运以单元化载具为抓手，提高物流转运效率。目前，20ft、40ft 的标准集装箱在德国公路、铁路和水运运输领域应用十分广泛，为加强不同运输方式的有效衔接，提高转运效率奠定了良好基础。同时，德国货运车辆的车型数量较少，标准化程度较高，并基本实现了箱式化，软帘箱体、可交换箱体等单元化公路货运载具也得到广泛应用，不仅有效提高了物流效率，而且为多式联运转运创造了便利条件。加快我国多式联运体系下农产品单元化物流载具创新意义重大：

一是有助于提升农产品冷链物流端到端承载能力。我国生鲜农产品产量巨大，冷链需求旺盛。2022 年我国冷链物流市场需求总量突破 3.2 亿吨，同比增长 6.6%，冷链物流市场规模达到 4916 亿元，同比增长 7.2%。然而我国生鲜农产品运输效率不高，端到端承载能力不强，运输和转运过程损耗严重。应用单元化物流载具可实现多式联运全程“不倒托”“不倒箱”，有效提高公空、空空、公水联运效率，降低农产品物流成本和物流损耗率，提升农产品端到端的承载能力，保障优质农产品的有效供给。

二是有助于促进冷链物流产业节能减排和低碳绿色发展。冷链物流在仓储、运输等各环节能耗水平较高，整个冷链物流行业正面临规模扩大和碳排放控制间的突出矛盾，迫切需要优化用能结构，实现节能减排。研发推广冷链单元化载具等节能设施设备，打造基于单元化物流载具的多式联运循环体系，可加快减排降耗和低碳转型步伐，推进冷链物流运输结构调整，是推进冷链物流节能耗、低碳化绿色发展的关键手段，有助于我国实现“双碳”战略。

三是有助于推动双循环新发展格局和“一带一路”建设。建设现代流通体系是构建以国内大循环为主体、国内国际双循环相互促进的新发展格局的一项重要战略任务，也是畅通“一带一路”大市场的重要保障。2022 年我国农产品进出口总额达 3343.2 亿美元，同比增长 9.9%。加快单元化物流载具关键核心技术研发和推广，推进循环共用体系建设，可提升多式联运全程运输时效，有效破解物流通道不畅、成本偏高等“双循环”难题，并显著提升中欧、中国—东盟等国际大通道的冷链物流服务水平，为客户提供更为优质、全面的物流解决方案，助推我国国内国际“双循环”发展和“一带一路”建设。

“十三五”期间，国家出台了一系列政策推进冷链物流单元化载具的研发应用，科技部发布的国家重点研发计划“综合交通运输与智能交通”重点专项开展了从基础研究到产业示范应用的一体化研发。围绕多式联运高质量发展的目标，取得了“三新”（新理论、新装备、新模式）“四化”（数字化、标准化、绿色化、智能化）关键技术，但还存在一些突出问题，主要有：

一是多式联运下单元化物流载具研发不足。在多式联运大时空、多运输方式下，标准化托盘、周转箱（筐）、可交换箱体等运载单元，蓄冷箱、保温箱等单元化冷链载器具，适用于农产品保鲜的单元化包装等多式联运技术装备研发不足，适配性不高。单元化物流载具贮运参数如温度、振动、气体组分、挤压等对生鲜农产品品质的影响机制和效果研究也需要跟上。

二是农产品多式联运信息平台建设滞后。多式联运相关主体的数据共享和信任机制不健全。数字化、信息化冷链物流单元化物流设施装备研发不足，货运电子运单普及度不高，现有信息平台智能管理水平低，缺乏“一单到底”的高效多式联运体系，难以满足对单元化载具及车辆动态调度和管理的要求。

三是基础设施与产业模式等难以满足农产品单元化多式联运需求。我国尚未形成全面覆盖的单元化多式联运网络体系，码头、堆场自动化程度不高，港站智能调度、设备远程操控等综合应用有限，仓储数字管理、安全生产预警、车辆货物自动匹配、园区智能调度等应用缺乏。针对我国农产品流通需求的单元化多式联运模式尚未建立，多式联运服务产品较少。

为此，建议：

第一，加强农产品单元化载具技术装备开发。加强标准化托盘、周转箱（筐）、可交换箱体等运载单元，蓄冷箱、保温箱等单元化冷链载器具，适用于果蔬保鲜的单元化包装等多式联运技术装备研发；构建围绕单元化多式联运体系建设的技术标准体系，强化国际接轨，逐步提升单元化多式联运技术装备的适配性。开展基于多式联运的生鲜农产品与单元化物流载具环境应激响应互作调控及其品质劣变规律研究，研发绿色保鲜、缓释减损、精准温控等可用于集装单元化载具的绿色减损技术。

第二，加强农产品多式联运体系的数字化创新。重点构建铁—水—公—空交互耦合的多式联运协同组织模型，打破多式联运异构运输系统的协同壁垒；推进单证电子化和“一单制”，推动铁—水—公—空的多式联运主体信息共享互认，建立组织协调、互联互通的多式联运规则体系；围绕装运、接驳、转运和仓储等关键节点，加快物流枢纽智能化升级，实现物流园区间信息共享和业务协作。

第三，推进农产品多式联运体系的基础设施建设和模式创新。依托重点批发市场、产业集聚区、港口、机场和铁路中心站布局核心物流园区，建设标准冷库、月台、分拣区、机房、机械化设备等标准化基础设施，打造农产品单元化多式联运体系。创新多式联运组织模式，丰富多式联运服务产品，推进一箱到底、循环共享，实现我国农产品流通的高质量发展。

进一步推动山东省粮食产后提质减损的建议

党的二十大报告指出，要“全方位夯实粮食安全根基”“确保中国人的饭碗牢牢端在自己手中”。近年来，山东省自觉践行习近平总书记新粮食安全观，牢记“国之大者”，坚决扛稳粮食安全责任，为保障国家粮食安全作出了重要贡献。山东省是产粮大省，仅次于黑龙江、河南两省，位列全国第三。2022 年，山东省粮食产量 5543.8 万吨，约占全国粮食总产量的 8.1%。小麦和玉米是山东省主要粮食作物，其中小麦总产量占全国的 18%，玉米总产量占全国的 14%，在全国粮食安全战略中具有特殊重要地位。

我们在坚持实施“藏粮于地、藏粮于技”战略，重视“开源”的同时，也要特别关注“节流”。国家发改委宏观经济研究院做过一个测算，按照 2022 年全国粮食产量和成本数据算，中国粮食因收获和储备损失造成的种粮隐性成本达 700 亿元以上。农业农村部部长唐仁健曾表示：“我们千方百计才增加了 300 多万亩冬小麦，按照平均亩产 383 公斤计算，增产约 23 亿斤。如果能把小麦机收损失降低 1 个百分点，就能挽回粮食 25 亿斤以上，潜力非常可观。”由此可见，减少粮食产后环节损失，无异于开辟了“无形良田”。近年来，山东把粮食产后处理作为促进农民增收、提高农业综合效益、切实保障国家粮食安全的重要任务来抓，通过采取有效措施，使粮食干燥与储存的条件逐步得到改善。

为了进一步摸清山东省在推进粮食产后提质减损情况，课题组先后到鲁粮集团、济南市章丘区、潍坊市安丘市、济宁市汶上县、德州市齐河县，围绕粮食收获、粮食运输、预处理、脱粒、干燥、仓储以及数字化管理等产业和技术问题进行了调研。同时，我们也调研了山东省粮食产后服务中心目前的运营状况。山东省粮食产后提质减损还存在如下困难和问题亟待解决：

一是粮食收割损失需进一步降低。粮食收获环节可以划分为田间收割、田间运输、脱粒和清粮四个小环节，在这四个环节中损失最严重的是田间收割环节，我国三大主粮田间收割损失率平均为 1.97%。2022 年 4 月，山东省发展和改革委在2022年粮食节约和反食品浪费工作情况通报中提到，在随机抽取的 466 个采样地块小麦平均机收损失率为 1.07%，随机抽取的 350 个采样地块玉米平均机收损失率为 2.09%。山东省粮食收割损失主要与收割机械精细化程度不够、农机农艺不配套、收获机械水平、收割时机、品种特性、种植规模、收获作业操作水平等因素密切相关。

二是粮食烘干成本高、污染大。干燥是保障粮食产后安全和品质的重要控制手段，但同时也是粮食加工过程中耗能最高的环节之一。过去，粮食烘干设备燃料以煤为主，2017 年后，由于环保需要，全部改为天然气，或者柴油，极少部分使用电。另外，在粮食干燥过程中产生的高温烟气、高湿废气及粉尘直接对空排放，不仅造成大量热能严重浪费，也对环境造成了一定的污染。去年秋天燃气一方 2.84 元，烘干一斤小麦燃气成本大约 2 分。从 2021 年 12 月燃气开始涨价，现在成了 5.62 元 / 方，烘干一斤小麦约合 5 分钱，烘一斤含水量 35% 左右的玉米得接近 0.1 元。柴油和燃气相比，烘干成本更高。去年秋天柴油一升 6.36 元，烘干一斤玉米成本大概 0.1 元；现在柴油涨到 9.13 元 / 升，把一斤含水量 35% 左右的玉米烘至水分 15% 以下，需要 0.13 元。

三是粮食产后服务中心运行需进一步完善。自 2017 年我国全面集中开启粮食产后服务中心建设以来，山东省已建成 280 个粮食产后服务中心，实现了产粮大县“全覆盖”。据统计，粮食产后服务中心建成运营后，覆盖区域内粮食产后损失降低约 4 个百分点，共处理粮食 4500 余万吨，节粮减损 180 余万吨，价值约 45 亿元，有力促进了农民增收、维护了粮食安全。但是部分粮食产后服务中心承建主体重投资轻实用，导致购买的设施实用性不强，特别是未能全面开展“五代”（代清理、代干燥、代储存、代加工、代销售）服务，大多只是提升一下承建单位的服务能力，服务意识不强，部分设施出现闲置浪费现象。《山东省粮食产后服务体系运营管理办法》规定，县级粮食部门具体指导监督服务中心加强设施、设备管理、使用和维护，保持项目持续顺利运行。但县级粮食部门因业务多、人员少等原因不能及时开展督导，就出现个别粮食产后服务中心承建单位擅自将闲置的设施拆除、售卖、置换等现象，这导致粮食产后服务中心建成后无法发挥预期效益。

为此，建议如下：

一、加强精细精准收获

一是开展智能低损收获设备创新。例如，针对现有玉米、小麦收获机整机智能化水平低，玉米果穗收获机械可靠性差，穗茎兼收机械不成熟，籽粒收获破碎率高等问题，开展玉米、小麦智能低损收获技术研发应用。

二是推进机收服务社会化、规范化、科学化发展。着力推进精细收获，强化集成配套，加强机手作业培训，严格按照操作规程，增强机手应对不同作物的减损技术素养和操作技能，鼓励开展社会化机收服务，做到收获过程减损，实现“颗粒归仓”。

三是加强粮食新品种培育。育种科研单位要加快培育中早熟且产量高的小麦、玉米新品种，要培育抱粒紧、不疏松、损失率低、便于机械化收获的小麦新品种；培育出高产优质、生长期短、抗倒伏、后期脱水快的玉米新品种。

四是促进农机农艺结合。农业、农机部门要组织有关专家强化粮食适时采收技术宣传，共同确定粮食最佳收播时间，掌握好粮食收获时间节点和水分点，制定作业规范，统一种植标准和收获模式，共同开展业务培训和技术指导，促进良种、良法、良机相配套，农机、农艺相融合，为粮食适时采收夯实基础。

二、研发应用节能环保干燥新技术

一是从政策和资金上支持开发新型绿色环保、节能高效、多功能和智能化、经济适用的粮食烘干技术及装备。研发中，要从实际需要出发，坚持收获与烘干相结合、分散烘干与集中烘干相结合、固定烘干与移动烘干相结合，根据不同区域能源条件、不同粮食烘干方式，科学合理选择能源。设立高效节能新技术新设备的研发专项资金，对研发粮食烘干机械设备的科研单位要在项目资金安排上重点倾斜；对致力于生产粮食烘干机械设备的农机企业，要在税收减免、贷款融资等方面给予优惠；对于已经研发出来的新技术新产品，要坚持鉴定优先、推广优先，并设立推广应用专项资金。如山东商业职业技术学院依托国家农产品现代物流工程技术研究中心平台与中国科学院理化技术研究所周远院士联合共建的山东省周远院士工作站，已研制50t/d、100t/d、150t/d、200t/d、300t/d、500t/d等6个型号的闭式除湿热泵粮食干燥装备，并在黑龙江、河北、天津、河南、安徽等省市开展推广示范。

二是全面提高烘干设备购置和作业补贴。进一步加大粮食烘干机械购置补贴力度，提高烘干机械购置补贴比例。鼓励有条件的市、县对烘干机械实行累加补贴，在补贴主要粮食烘干机械的同时，把附属机械设备也纳入补贴目录，拓展粮食烘干设备购置补贴范围。探索实施机械烘干作业环节补贴，在鲁西、鲁南、鲁北等主要粮食种植区，渤海粮仓及千亿斤粮食高产创建和国家农业全程社会化服务项目实施中，实施粮食烘干作业补贴。国家财政用于支持农民合作社、家庭农场、种粮大户等新型农业主体的农业项目资金，要切块专门用于两个烘干环节，引领带动粮食烘干工作。

三是持续提升干燥服务效能。鼓励有条件的企业依托现有设备设施，建设集烘干、清杂、除尘、杀虫、仓储等于一体的粮食综合服务中心，创新运营模式，与科研院所、高校开展合作，实现优势互补，加快可持续发展。

三、健全粮食产后服务中心服务职能

一是拓宽农户监督体系渠道，让农户的评价作为粮食产后服务中心建设好不好的新导向。设立热线、意见信箱等，倾听农户们对于粮食产后服务中心运行过程中的意见，及时发现服务未开展、设施被挪用等问题并迅速整改到位。

二是建立定期绩效考核制度，让实打实的绩效成绩单作为评价社会效益高不高的新办法。粮食部门应设立明确绩效考核办法，对各服务中心进行服务量的横向和纵向对比，将服务较好的作为典型推广，对服务总量较低的粮食产后服务中心及时调查，防止社会公共资源被占用，挫伤农民种粮积极性。

三是双向宣传，系好互惠共赢联结纽带。粮食部门要做好双向宣传，一方面通过效益分析，让承建单位意识到提供“五代”服务，保障农户增加种粮收益的同时，还能提升企业经营利润；通过发放宣传单、明白纸、在微信群转发等方式，让农户了解在粮食产后服务中心进行批量烘干或代储，可以解决晒粮不看天、丰产也丰收的问题，利益联结的纽带助力粮食产后服务中心尽快发挥绩效。

四是培养粮食产后服务运营专业人才。建立山东省粮食产后服务中心运营的人才培养体系，从粮食产后设施建设、设备运维、智能化和数字化升级、品牌建设、财务管理等方面，全方位培养粮食产后服务中心运营所需的高技术技能人才。

进一步推动山东省预制菜产业高质量发展的建议

山东省目前从事预制菜生产的企业数量已超8500家，占全国的12%，为国内最多。其中有9家上市公司。一些地方因基础好、布局早，有志于“领跑”全国，如潍坊诸城市提出打造“中国预制菜第一城”目标；威海市、日照市则在抢占“中国海洋食品预制菜之都”高地。2022年山东省政府办公厅印发了《关于推进全省预制菜产业高质量发展的意见》，提出抢占预制菜产业发展高点，打造一批产业高地和产业集群，并出台了16条措施推动预制菜产业高质量发展。目前山东省正在打造“预制菜全产业链集成创新山东模式”，预计2025年山东省预制菜市场主体数量破万家，全产业链产值超万亿元。

虽然山东省预制菜产业发展势头良好，但在产业快速发展的同时，也存在市场规范程度不足、研发能力不强、缺少龙头企业等问题，具体表现在：

一是头部企业引领带动作用尚未形成。尽管山东省预制菜企业数量持续增长，但是在达到规模以上的1136家企业中，注册资本小于100万的企业超过半数，标准化加工程度低，同质化企业存在低价恶性竞争风险，食品安全及品质难以保证。即使山东省入围2023年中国预制菜企业百强榜单的龙头企业，近一半的企业去年营收规模在20亿元以下，说明多数预制菜企业规模小而散，“链主”效应不显著。例如山东省某预制菜“领跑”大县虽然云集300余家预制菜企业，但八成的员工规模在50人以下，自主研发能力弱，也没有具有区域竞争力和全国知名度的品牌。

二是市场规范程度需要加强。强化预制菜“从产地到餐桌”全程规范标准生产经营管理，是确保预制菜产业链原料品质化的前提要求。目前山东省已经制定了30多项适配性高、关联性强的团体标准和企业标准，但由于大多数预制菜企业处于小而散的发展状态，这些标准对预制菜企业约束较弱。同时，由于预制菜产业是新兴产业，在法律制度、监管方面存在“缺位”，亟须建立相关制度为产业有序发展“保驾护航”。如一些大型出口型企业反映，在参与“内循环”后普遍感到国内质量认证体系建设相对滞后，令他们对同行“借鉴”、抄袭尤为担心，难以专注中高端产品研发生产。由于进入门槛低、产品可复制性强带来的食品安全隐患不容忽视。另外，因标准缺失导致预制菜的概念不明确，很多企业将原材料、加工半成品“改头换面”，硬往预制菜里“套”。因此，完善产业监管方式，提高准入门槛、加强生产资质审核尤为迫切。

三是企业科技研发水平有待提升。菜品研发方面，预制菜还原度要求高、研发难，目前餐饮企业研发投入的主要方向是把鲁菜大师作品进行预制菜化，在菜品还原度、冷链物流锁鲜保鲜上的研发有待提升。设备研发方面，山东省虽然是装备制造业大省，但在预制菜专用设备制造方面存在薄弱环节，预制菜专用设备主要依靠进口产品或南方省份产品，相关企业起步晚、实力弱。物流运输方面，由于预制菜产品严重依赖冷链物流，存在一定的覆盖空间，因此需要开展冷链技术创新，使之满足预制菜企业能够覆盖全国市场需求，促进山东省预制菜产业进一步发展。

为进一步推动山东省预制菜产业高质量发展，建议如下：

一、支持龙头企业发挥“领头羊”作用

鼓励龙头企业做好高端、普通、地域特色、功能膳食等预制菜细分市场的研发和推广。建议相关部门，加快制定和出台精准化的预制菜扶持政策，重点培育成熟区域的市场主体。同时，通过培育一批涵盖生产、冷链、仓储、流通、营销、进出口以及装备生产等环节的预制菜示范企业，充分发挥“链主”企业作用，引导预制菜中小企业成为专精特新企业，牵引上游农产品生产加工销售、下游餐饮以及配套制造业发展。可依托农业农村部认定的山东省 22 家农业国际贸易高质量发展基地的建设，着力打造莱芜生姜、寿光蔬菜、金乡大蒜、沿黄肉牛等具有区域特色的产业集群，形成特色集聚优势，发挥龙头企业“领头羊”作用，带动产业链上下游企业协同发展，放大预制菜产业集聚效应。

二、实现预制菜生产标准化和管理规范化

创新地方标准立项形式，联合政府相关部门、权威科研机构和行业协会，科学制定预制菜食品安全、感官评价规范、冷链配送规范等标准。例如，制定“鲁味预制菜”行业标准，探索行业共性特点，坚守“预制菜＋鲁菜文化”理念，遴选制定特色鲁菜美食、县域名小吃等预制菜产品清单，推出“鲁菜大师”预制菜，以齐鲁传统美食文化赋能预制菜产业发展。

建议山东省成立专门的预制菜行业监管部门，参照食品及农产品监管体系模式，制定一系列生产技术规范、预制菜安全法规、预制菜生产加工从业资格认定制度等。重点监管预制菜行业的上游农产品，追查其达标合格证等，保证预制菜源头的质量安全。在中游生产过程中加强监管，促进企业依照安全标准进行生产经营活动。同时，监管预制菜产业的销售端，制定预制菜质量安全标准体系，根据标准对预制菜产品质量进行检测。

对于备受消费者诟病的预制菜消费选择环节上不透明问题，建议工商

管理部门和市场监督管理部门严格执行消费者权益保护法，要求商家充分保障消费者的知情权和选择权，主动提前告知或标明菜品是否为预制菜、是否为“贴牌”产品等。

三、提升预制菜相关企业科技研发水平

首先，建议预制菜企业加强与科研院所合作，依托“鲁菜师傅”等专业技术人才，开发具有地域特色、营养丰富、复原性好的加工技术和产品。针对老年人、中小学生、减肥人群、健身人士、特殊病患、孕期妇女等不同群体，研发多元化产品，采用“健康数据＋营养配餐＋私人定制”等模式，通过大数据加持，分析不同群体的饮食习惯，搭配营养均衡菜品，提供定制化服务。其次，支持餐饮企业和自动化装备制造企业合作开展预制菜装备研发，积极参与“全国中餐科技进步奖”等行业内高水平科技创新奖项评选，在设备升级、数字赋能等环节加大研发力度，推动企业在预制菜智能设备制造方面取得突破。最后，建议政府加强冷鲜制造预制菜与冷链物流融合集成创新工作，鼓励和支持科研团队创新突破预制菜食材、加工、运输中的品质和安全保障关键技术，推动集成应用成果向相关企业转化与应用。

关于推动我国冷库市场高质量发展的建议

在日益增长的消费需求驱动下，我国冷链产业逐步迈进高速发展阶段。冷库是整个冷链的核心节点，在产品流通过程中起到储藏、周转的功能。根据中冷联盟数据统计，我国冷库容量从 2017 年的 3609 万吨增长至 2022 年的 5686 万吨，年均增长率达到 7.87%。2023 年 2 月 21 日，农业农村部印发了《农业农村部关于落实党中央国务院 2023 年全面推进乡村振兴重点工作部署的实施意见》，该政策提出深入实施农产品仓储保鲜冷链物流设施建设工程，在重要流通节点建设产地冷链集配中心，推进国家级农产品产地市场建设，加强大型冷藏保鲜、仓储物流等保供公益性基础设施建设。在政策引导和市场需求的双轮驱动下，2023 年，我国冷库工程新建项目十分火热，多个省市均有冷库新建项目工程，如山东寿光顺丰家庭农场年冷储 10 000 吨胡萝卜项目、山西省运城市年储藏果品 1000 吨恒温果库建设项目、陕西省茂源万吨农产品储藏冷库建设项目等。链库大数据中心数据显示，2022 年全国冷库求租面积超过 265.6 万平方米，同比 2021 年总求租量增长 25.46%。整个冷库地产行业前景广阔。但目前冷库市场仍存在以下问题：

一、冷库容量地域分布不均

得益于城镇化进程提速、消费结构升级、冷链物流系统逐步完善及食品进出口业务的持续增长，部分一线、二线城市目前呈现冷库过剩情况，供过于求，出现冷库租不出去、闲置等情况。然而，承担了全国大部分生鲜农产品批发交易的中西部地区却冷链资源匮乏，部分地区冷库长期爆满，一库难求。中冷联盟《全国冷链物流企业分布图》2022 版显示，我国华东地区的冷库容量最大，占比全国冷库总量的 41%；其次是华北地区，占比达 15%；西北地区和东北地区作为农产品的主产地其冷库容量总和仅占全国的 13%。在全国 1832 家冷库企业中，华东地区的企业数量最多，达到 686 家，占比达 37%；其次是华南地区，企业数量达 296 家，占比 16%。

二、冷库运营成本居高不下，企业运营降本增效亟待解决

一是耗电量较大，其电费在成本中占比较高。中冷联盟 2022 年冷库百强企业抽样调查显示：63 家冷库百强企业库容量为 972 万吨，年用电量为 5.5 亿 kw・h，年吨平均用电为 56.6kw・h。根据冷库企业电费最高 1.25 元 /kw・h，电费最低 0.5 元 /kw・h，按照平均价格 0.8 元 /kw・h 计算，63 家百强企业每年需要支付电费为 4.4 亿元。测算表明中国冷库每年电费超过 800 亿元人民币，因此合理利用能源、节约耗电量应成为各冷库业主冷库运营的首要任务。随着“双碳”目标持续推进，低碳节能设备成为焦点，为降低运营成本，企业需要结合“双碳”要求做一系列绿色能源战略。

二是冷链仓储行业“千库一面”的格局使得企业服务同质化严重，温区单一冷库可承接的业务需求有限，专业服务价值没有得到很好体现。如聚焦农产品产地“最先一公里”冷库需求和城市“最后一公里”消费需求，补齐两端冷链物流设施短板，移动冷库起到至关重要的作用。而由于“最

先一公里”存在产地基础设施建设用地审批难以及配套设施设备配套滞后，电压电容不够等问题，“最后一公里”受制于冷库的报批报建，土地的稀缺性等问题，难以满足冷链物流企业对冷库的需求。

三是冷库较低的数字化、互联网化水平，与消费端较高的互联网化水平形成断层，不仅降低了产品仓储和调度效率，而且由于冷库供需双方信息的不对称导致冷库资源浪费。

三、冷库管理标准不统一、管理水平参差不齐，存在安全隐患

从需求方角度看，冷库租赁更加关注安全性、可靠性及产品品质保证。另外，国有冷库中近50%已使用30年以上，技术和系统都亟待升级。例如，大量多层土建冷库采用氨冷排管，并且没有运用低充注量技术，导致氨制冷剂充注量往往多达几十吨，甚至上百吨，如果管理不善，发生安全事故的风险极高。我国2013年发生的两起重大冷库液氨泄漏事故及后来发生的一系列中小冷库事故的根源不在氨制冷系统本身，而是生产企业对规范和标准的漠视”，另外监管的缺失也难辞其咎。因此，冷库行业需要更加标准化、规范化发展。

针对这些问题，为推动我国冷库市场高质量发展，建议如下：

一、加强冷库建设的顶层设计和规划布局

一是建立冷链物流发展联席会议制度。在冷库规划建设时，各地加强组织领导，成立由分管领导牵头，商务、发展改革、农业农村、市场监管、交通运输等相关部门组成，冷链协会和企业具体实施的工作推动机制。

二是充分发挥政府在冷库规划建设中的引领作用。加强与上级农业部门、财政部门的沟通协调，积极争取上级政策支持。结合土地管理政策，合理安排冷库建设项目，支持新建冷库项目并线规划、综合开发、立体开发。

二、多举措实现冷库运营降本增效

一是创新技术应用。冷库能耗主要集中在制冷系统，约占总能耗的60—70%，大力发展并推广使用先进的蓄冷技术是一种有效的节能方式。蓄冷式冷库可以在峰谷电价时段或能量盈余的时候进行储能，实现能源移峰填谷，降低电网峰值用电负荷和成本。如国家农产品现代物流工程技术研究中心和中意埃欧克冷链设备有限公司联合开发的冷链无外接能源、零碳排放的单元标准化移动冷库，目前已经实现一次充冷可以蓄冷3天，未来可实现一次充冷达到更长时间的蓄冷效果。另外，冷库能耗和室外环境温度相关性很大，因此围绕冷库围护结构和保温材料进行技术创新应用也是实现节能的重要方向。

二是推动冷库多元化、定制化建设。从目前的行业调研数据也可以看到包括区域中转仓、配套加工仓、中央厨房等多种功能性冷库和满足冷链物流“两个一公里”需求的移动冷库发展势头良好，能够满足企业的各种定制化需求，受到更多客户的青睐。

三是实现冷库共享，搭建共享平台。目前，中物联冷链委牵头搭建的“链库”，是国内唯一能覆盖90%冷库资源的互联网大数据平台，可以解决冷库供需双方的信息不对称问题，打破信息孤岛，帮助冷库供需各方提高资源匹配效率，根据冷库实际情况进行等级划分，以便于企业资源对接，提高市场资源配置的效率和各环节的协同度。自2022年8月正式运营以来，目前链库平台已经有16万注册用户，平台日活超2万，已发布12万条供需匹配信息，完成上千个需求撮合订单。今年5月，由中国供销集团和淄博市地方政府的大力支持的中国供销·淄博智慧冷链物流产业园与“链库”正式达成战略合作，采用专业化、标准化、系统化的管理模式，借助互联网、大数据等现代化信息技术，为客户提供高时效、高品质、更安全、多区域的冷链服务，提高企业的市场竞争力。

三、健全法规标准，强化全链条监管

一是协会和政府应从行业有序竞争、消防安全、食品安全等角度协同构建健康环境，统一标准合理竞争，遏制低质冷库运营、拆除不合规冷库，加强合规冷库运营企业信心。

二是建立健全冷库系统技术标准。如完善冷库能耗与效率标准、冷库最佳作业操作标准、冷贮食品卫生安全标准、冷库环境温度与冷藏温度控制标准等，保障冷库规范经营有据可依。

三是建立健全检查与监督机制。参考国家与地方“分级管理、相互合作”的管理模式，发挥现有国家和部门相关检测机构的作用，补充完善检测项目和内容，将冷库的温控、制冷设备性能检验纳入综合检验范围，开展冷链仓储企业信用评价并建立联合惩戒机制，推进冷链仓储信用体系建设。

后　记

本书所选取的37篇文章是2016年以来我作为民主党派成员建言献策的主要部分。这些建议被全国政协、中央统战部、民盟中央、山东省政协等部门采纳，如2020年我撰写的《以中央厨房推动山东省水产品行业转型发展》获得省委主要领导肯定性批示，并在《大众日报》建言资政栏目刊载，被评为年度省政协优秀信息稿。这些建议对促进地方经济发展和我国冷链物流行业发展起到了一定作用。

“没有调查研究就没有发言权”，一篇好的建议需要建立在第一手资料的积累和整理加工上。这些年来，我和我所在的国家农产品现代物流工程技术研究中心、山东省农产品贮运保鲜技术重点实验室的同事们一直行走在农产品冷链物流科技研发和应用的前沿阵地上。这些建议就源自我在对生鲜农产品冷链物流科技产业发展中存在的一些问题的所思所想。当然，要把这些感想和看法形成有价值的建议更离不开素材的整理加工，在这个过程中，我有幸得到了民盟山东省委参政议政部宁慧女士的帮助，她对我的每一篇建议都进行了不厌其烦的指导和修改。

习近平总书记在中国科学院第二十次院士大会、中国工程院第十五次院士大会、中国科协第十次全国代表大会上强调：“科技工作者要研究真问题，真研究问题。”作为一名党外科技工作者，我要继续把本职工作和参政议政工作有机融合，想人民之所想，急人民之所急，多关注老百姓迫切需要解决的农产品冷链流通问题并形成有益的建议，这就是我的心愿。

最后，我想落俗套地把这本书献给我的母亲。她命运多舛，一生的绝大部分时间“生之多艰”。在她即将迈进老话讲的“阎王不请自个去”的八十四周岁时，我祝福她能顺利闯过这个“关口”，健康长寿！

张长峰

2024 年 6 月